山东省社会科学规划研究项目：企业基础数据管理研究——以山东省为例（批准号：15CGLJ27）

企业基础数据管理研究
—— 构建广义会计核算体系、实现数据化管理的思考

QIYE JICHU SHUJU GUANLI YANJIU
—— GOUJIAN GUANGYI KUAIJI HESUAN TIXI,
SHIXIAN SHUJUHUA GUANLI DE SIKAO

董雪艳　吴金波◎著

中国财经出版传媒集团

经济科学出版社
Economic Science Press

·北京·

图书在版编目（CIP）数据

企业基础数据管理研究：构建广义会计核算体系、实现数据化管理的思考/ 董雪艳，吴金波著 . —北京：经济科学出版社，2023.8

ISBN 978 – 7 – 5218 – 5012 – 3

Ⅰ. ①企…　Ⅱ. ①董…　②吴…　Ⅲ. ①企业管理 – 数据管理 – 研究　Ⅳ. ①F272.7

中国国家版本馆 CIP 数据核字（2023）第 150283 号

责任编辑：杜　鹏　胡真子
责任校对：齐　杰
责任印制：邱　天

企业基础数据管理研究

——构建广义会计核算体系、实现数据化管理的思考

董雪艳　吴金波◎著

经济科学出版社出版、发行　新华书店经销

社址：北京市海淀区阜成路甲 28 号　邮编：100142

编辑部电话：010 – 88191441　发行部电话：010 – 88191522

网址：www. esp. com. cn

电子邮箱：esp_bj@ 163. com

天猫网店：经济科学出版社旗舰店

网址：http：// jjkxcbs. tmall. com

固安华明印业有限公司印装

710 × 1000　16 开　9. 25 印张　160000 字

2023 年 8 月第 1 版　2023 年 8 月第 1 次印刷

ISBN 978 – 7 – 5218 – 5012 – 3　定价：76. 00 元

前　　言

　　人类的生产、服务、消费均离不开数据，协同成为组织运行模式的典范，在线成为个人和组织的生存方式，数据成为不可或缺的资源，信息科学技术、人工智能不断地发展，人类正在进入智能时代。信息科学技术、人工智能既是人类运用数据能力提高的成果，也是人类更好地运用数据的手段。

　　动态数据化是智能时代的本质特征，动态数据既是科技革命的成果也是科技智能系统运行的血液。我们已经觉察到即将踏入一个新时代，但对新时代工作、生活的场景与方式将是什么样子并不清晰。应用好数据资源，让人类累积的宝贵财富发挥作用，使人类走向美好未来是历史赋予我们新时代人的责任。数据资源及其管理在人类经济、社会发展中发挥着越来越重要的作用，人类对数据资源管理的认知也不断提升，计算社会科学应运而生。在信息科学技术、人工智能带来人类社会革命性变革的新时代，会计实务、会计学科、会计教育挑战与机遇同在。会计核算应在原来的基础上扩展为广义会计核算，与组织的基础数据管理同义，形成个体组织基础数据的全面、精细、实时核算或管理，实现组织的动态数据化运营。

　　社会的发展需要扩展会计学科的范围，信息资源管理动态数据化为会计学科的扩展指明了方向，开展会计研究，应突破传统会计理论体系的局限，寻求会计理论的创新、发展。本书提出广义会计核算的概念，将会计核算扩展为会计主体的基础数据管理，探索数据的本质意义，探索数据与人类感知世界的关系，探索人类社会数据化的必然趋势与规律，探索个体数据化的推进，探索个体数据化与社会数据化的涌现。本书以制造企业为例展开广义会计核算即基础数据管理的基本框架与思路，推进会计主体广义会计核算实践，使每个会计主体都以动态数据化为己任，并呼吁会计教育提升数据思维，以动态数据化来引领学生学科核心素养的培养与形成。

作者

2023 年 1 月

目　录

|第1章|

引 言

　　20世纪70年代以来，互联网信息科学技术以摩尔定律预测的速度与趋势突飞猛进地发展，信息科学技术产品的功能每18~24个月提升一倍。现今，信息科学技术、人工智能的发展已突破摩尔定律进入更高速通道，数据以各种方式呈现、涌现，动态数据化已经开始发挥主流作用，数据成为社会资源的主体，人类已经步入智能时代。

　　智能时代最显著的特征有：第一，数据信息资源如同能源一样在社会再生产与人们生活中必不可少。计算机工作需要能源更需要数据信息资源，人们业余时间很大部分是依赖数据信息资源度过，在线已经成为人类的一种生存方式。第二，数据供给与需求的矛盾更加突出。供给侧数据的膨胀与需求侧人的数据信息注意力、应用力的不足，使信息不对称更加突出。数据信息是人类工作的原料，工作中计算机对数据信息的依赖不亚于传统能源——电能，没有电能计算机无法工作，没有数据信息计算机照样无法工作，而以计算机、互联网为工具已经是人类工作、生活的常态。人类的业余生活更离不开数据信息，玩手机让文字、数字、图片、视频等各种形式的信息成为业余生活的主要方式，碎片化的数据信息充斥了网络空间，占领了人类的大部分业余时间。数据信息泛滥，数据信息管理与应用成为个人管理、组织管理、经济管理乃至社会管理的最基本最重要的内容。

　　站在新时代的起点，人类被推入新时代的洪流，必须顺应时代的发展，也必须唤醒觉知，提升意识的维度，才能适应新时代的环境而生存与发展。面对新时代的特征，人类社会数据信息的配置机制并不清晰，公共数据信息服务与市场数据信息供给的思路与框架也不清晰，信息资源的质量特征与制造标准还没有建立。元宇宙等虚拟世界的建立也是数据的应用，但在虚拟世界里的人和现实世界里的人类，如何把握好意识的维度变化以及行为的准则呢？人类的数据信息管理与服务必须有标准，人类对数据信息以及管理服务的表达必须严谨，数据信息分类必须遵循人类总结出的不重叠、不遗漏的（Mutually Exclusive Collectively Exhaustive，MECE）分类法则。

美国会计学会在 1996 年发布的《基本会计理论说明书》（*A Statement of Basic Accounting Theroy*）中，提出了会计研究的四个目的，至今仍然是公认可取的。

（1）确定会计的范围，以便提出会计的概念，并有可能建立会计的理论；

（2）建立会计准则来判断、评价会计信息；

（3）指明会计实务中有可能改进的一些方面；

（4）为会计研究人员寻求扩大会计应用范围，以及当社会发展的需要扩展会计学科的范围时，提供一个有用的框架。

会计核算向广义会计核算、智能会计核算发展，微观单位的基础数据管理是人类最基本、最重要的任务，是智能时代赋予人类的神圣使命。

| 第 2 章 |

会计学科的范畴

本书认同会计是参与或直接进行的一种管理和控制活动的观点。会计是一种管理活动，核算与控制是会计的基本职能，会计学科自产生之日起就是专业的数据管理与应用学科，通过数据管理，进行组织管理。随着社会经济发展对管理的需要，会计对内数据服务的职能独立出来，会计信息系统形成对外报告与对内报告两个子系统。随着信息科学技术、人工智能的发展，会计信息化的逐步实现，以大型企业为代表的内部信息中心的成立，代表着企业会计对内、对外报告信息系统由分离走向融合，同时，企业的其他管理信息如供应、销售、人力资源等所有管理信息都被集合到信息中心，会计信息已经扩展到涵盖管理需要的一切原始数据信息，会计信息系统真正成为基础数据管理信息系统，负责提供企业或其他会计主体管理所需的全部原始数据，数据管理信息系统就是广义会计核算系统，对会计主体基础数据即原始管理数据的维护与服务负有完全责任。

2.1 会计学的基本范畴、所属范畴、学科定位

2.1.1 基本范畴

会计学的基本范畴①是指界定会计学的内涵与外延，明确会计学的内容与边界。核算与控制是会计的基本职能，会计学自产生就是通过专业数据管理进行会计主体运营的管理，无论财务会计还是管理会计，抑或财务会计与管理会计合一的基础数据管理系统、广义会计核算系统，均是如此。广义会计核算是将财务会计数据管理的基本理论与方法推而广之，进行会计主体全方位、全面、全过程的数据管理。在对物的数据有了较深入、系统的挖掘与专业管理的基础上，对人力资源的基础数据进行挖掘与专业管理，对会计主体经营管理的全部基础数据实施挖掘与专业管理，促进企业逐步实现动态数据化经营，实现企业或其他组织运营的精准与高效，是智能时代赋予会计学科发展与应用的神圣使命，也是学科发展的必然。动态数据化是智能时代的基本特征，一切会计主体要生存与发展，必须追求数据的精准，以实现主体的效率。会计学的基本范畴已经由核算与控制会计主体能以货币计量的经济活动扩展到会计主体的全部活动，从核算的视角，会计核算的基本范畴是会计主体存在与运作的全部原始数据，即基础数据。

2.1.2 所属范畴

会计学的所属范畴是对会计学科属性的界定，即界定会计学的归属。会计学能够发挥作用的范围与服务对象的范围就是会计学的所属范畴，会计通过对主体的基础数据管理实施组织的运营管理，会计学服务于所有的社会组

---

① 张先治. 关于会计学科建设中的几个基本问题探讨 [J]. 财务与会计, 2011 (12): 30 - 31.

织管理。会计是数据管理同时是组织运营管理。会计是数据管理同时又是组织运营管理的所属范畴决定了其学科定位与发展方向。

2.1.3　会计学的学科定位

随着信息技术与人工智能的革命性发展、社会发展对会计的需要以及会计学自身的发展，会计学首先是数据资源管理学科，同时是组织运营管理学科，是以数据管理进行组织运营管理，已经超越了工商管理的学科定位，也超越了社会科学的学科定位。以数据管理进行组织运营管理的广义会计学科是一门最综合的学科，是自然科学与社会科学的交叉学科。[①]

2.2　会计学的研究范畴

会计学的研究范畴实质上就是指会计学科的问题域，是会计学最广泛的范畴，包括会计学基本范畴的研究、理论范畴的研究和应用范畴的研究，还包括会计学与其他学科交叉拓展与延伸的研究，对完善、发展与创新会计学理论，以及指导会计学实践、指明会计学的发展方向、明确会计学的学科地位，都有着重要的意义。随着信息技术、人工智能革命带来的信息革命的发生，会计革命已经无法阻挡地爆发，会计学产生的影响越来越大，影响领域越来越广，影响程度越来越深，会计学的研究范畴在随之扩展，如会计对企业行为的影响，会计对经济发展的影响，会计对社会发展的影响等，以及会计的影响因素的研究都进入了会计学的研究范畴。

2.2.1　会计学正在走向以数据管理统领组织运营管理的综合学科

扩展会计学科领域，以数据资源管理的维度与高度界定会计学科，把广

---

① 于玉林 . 广义会计学［M］. 北京：经济科学出版社，2006.

义会计核算插上信息科学、人工智能的翅膀，把会计核算的精度覆盖到企业的全部基础数据管理，实现企业的动态数据化经营是时代赋予的使命，也是会计学科发展的必然。会计诞生于管理对以货币为主要计量单位的物的价值数据的需求，重生于管理对意识数据资源的需求，从物质资源的数据化到精神资源的数据化，数字经济到数字社会，社会的数据化管理是人类社会发展的必然。无论是经济还是社会，在个体自我认知清晰即个体基础数据精准呈现之上，才有健康的个体演动与协同，才有社会层面的现象，才有统计、情报、图书资料学科的研究发展。世界是数据的，人类对自己对世界的探索就是对数据的探索。基础数据管理广义会计核算是一门基础性学科，在基础之上统领了社会生存发展的每一个领域和每一个过程。

2.2.2 广义会计核算已经融入数据化的大潮

人类已经步入了智能的新时代，数据的呈现、涌现以及动态数据化是智能时代的基本特征，数字经济、数字社会管理都呈现出不可阻挡的发展势态。微观主体的广义会计核算已经在实践中逐步形成，而且逐步被认知，数据思维及其在社会中的重要地位也已经被认知。人类步入了以微观单位基础数据管理——广义会计核算为基础的数据化时代。数据化浪潮兴起，会计学科必然走向升维扩围的道路，数据化的思维是智能时代每个人必须具备的思维方式。

2.3 数据的含义

2.3.1 数据的界定

数据是人类对认识到的世界所做的记录。数字是最简单的数据表达形式，数据可以以口头语言、书面语言、电子文字、符号、图像、声音以及影像等形式表达。数据一经产生就不是一个单纯的数量概念。我们经常会用到信息一词,信息是什么?一份报告、一个表格等,实际上信息是指能够从中提炼出数据的那个载体。本书把数据与信息作同义语,数据即信息,信息即数据。

在古代,文字的产生、造纸技术的发明、印刷技术的产生都大大地促进了数据的积累。在现代,随着信息科学技术与人工智能的发展,人类认识、记录、储存数据的能力有了突破性发展,如 AI 识别、智能传感、巨量数据库、云数据储存技术等,人类迎来了数据化时代。

2.3.2 数据的构成

人类在探索世界的过程中积累了巨量数据,浩瀚的数据世界或数据海洋蕴含着巨大的能量。如何发挥、应用这种能量,取决于人类对数据的认知。人类积累的数据包括世界万事万物存在属性的现实数据和人类应用数据进行思考、探索形成的知识数据或理论数据。理论数据又分为基础理论与应用理论。学科的划分及其知识体系就是人类认识世界形成的理论数据。图 2-1 表示人类积累的数据资源的构成。

理论数据、现实数据都是数据的组成部分。现实数据是人类对事物属性的感知。理论数据是人类通过收集、整理、加工现实数据(事物属性数据)而形成的对事物或事物之间关系的认知。人类用语言把认知的主要观点表达出来,人类普遍认同的观点就形成了关于事物或事物之间关系的知识体系就是理论数据(知识数据)。

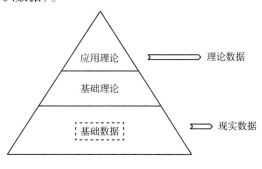

图 2-1 数据资源的构成

理论数据与现实数据都是人类对世界的认知，都是人类的意识范畴。同时，理论数据与现实数据是相对独立的两类或两个层次的数据。在工业时代及之前，现实数据并没有大量地呈现，普通老百姓并没有数据的概念，他们的生活和工作并不需要用现实数据进行判断，通常以理论数据指导生活与生产实践。随着信息技术、人工智能的革命性发展，大量现实数据呈现、涌现出来，开始影响和改变人类的生活与工作方式，成为人类社会的重要资源。大量的理论数据也因此产生和爆发，去中心化成为社会的一种普遍现象。而且，理论数据和现实数据之间有时会发生碰撞。相信理论数据还是相信现实数据？历史已经把这个问题摆在人类的面前。人类开始反思数据的概念，反思现实数据、理论数据是什么。现实数据是人类的感知，理论数据则是感知的感知。人类能感知的永远都是事物的属性，根本找不到本质是什么。因此，数据尤其是理论数据并不是人类可以永久依赖的东西。理论数据包括基础理论与应用理论，应用理论是建立在基础理论之上的，一旦基础理论破溃，应用理论研究的所有东西可能瞬间崩塌。而基础理论也是不断发展的。

2.4 数据的价值

智能时代的首要特征是动态数据化，数据遍布各个领域，数据的呈现与涌现充斥了人类生活、工作的全部空间，数据化正在改变人类的生活与工作方式。人类意识到，数据在人类赖以生存与发展的资源中的地位陡然上升，数据已经成为一种不可或缺的重要的社会资源，在经济领域，数据成为资本的一种重要的存在形式。人类对数据的依赖与日俱增，因而数据的价值也与日俱增。

人类在挖掘数据探索世界的过程中积累的数据不仅是量的增加，而且也产生了质的升华。人类不断积累数据、应用数据，从现实数据到理论数据，人类不断地探索、学习，数据不断地积累沉淀，形成了人类探索、认识世界的底层逻辑，这种底层逻辑是人类探索世界的智慧，数据资源蕴含的巨大能量也会通过人类智慧的应用爆发出来，使数据的价值得到实现。数据对人类的全部意义体现着数据的价值。图 2 - 2 形象地说明了智慧是目前人类感知系统探索现实世界的最高境界。

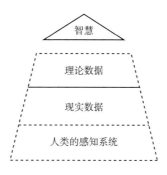

图 2 - 2　人类探索世界的境界

第 3 章

广义会计核算的架构

今天的会计核算是什么样子？会计信息化是什么姿态展现？信息资源管理是不是会计应该扩展到的维度与高度？这些都是会计理论与实际工作者在思考的问题。

3.1 会计信息系统的挑战与机遇

信息技术发展、人类认知世界的需要，对会计信息系统形成严峻挑战，也带来发展的机遇。传统的会计信息凸显出仅以货币计量的局限性，会计信息系统必须是一个能够形成全方位信息的系统，会计信息化就是顺应这种趋势，为全社会管理大数据的形成奠定基础。从宏观视角，为社会管理提供充分、有用的信息，以信息技术实现社会各部门信息之间的跨界融合，由权衡利弊和只侧重经济得失、讲求经济效益的管理活动拓展为全面权衡和讲求经济效益、生态效益与社会效益的全面管理活动。从微观视角，企业、行政事业单位、民间组织，不同性质的会计主体会具有不同的信息侧重点，但基础信息的界定、分类和核算是系统的、整体的。数据信息革命冲击了传统会计理论体系，对数据信息的认知将更加深入。

与其说数据革命给会计货币计量带来了冲击，不如说数据革命冲破了会计货币计量的瓶颈，即价值的计量可以是多方位的，实物计量、货币计量、实物计量与货币计量结合，甚至定性描述都可体现对象的价值。这种观点可以使无形资产计量、人力资本计量、情绪资源的计量均成为可能，而且也可以通过大数据分析这些非货币计量与货币计量的联系、关系。比如一个水库，描述其地理位置、周边环境、储水量、用途以及建设质量就可以说明这个水库的价值，必要时这些描述可以赋予数据。因此，会计体系必须改革，消除其因货币计量形成的狭隘，转而对研究对象进行多方位的计量与描述，以便有丰富的信息为决策服务。数据革命要求传统的数据信息产业整合、创新，要求会计与统计的融合，要求会计数据化，要求建立新的规制，以便使大数据的形成与应用卓有成效，公平与效率并存。互联网信息科学技术、人工智能发展带来了数据革命，数据革命本身就包含会计数据化，会计数据化是全方位大数据形成的基础工作。

数据化革命要求社会必须在知识产权制度的基础上，形成更加普遍的数据产权制度，通过保护基础数据核算主体对其提供数据的产权，激发微观主体的积极主动性，使全社会更为广泛和最大限度地应用数据信息资源，推动经济、文化的整体发展。"私益保护"与"公益平衡"在数据产权制度中与在知识产权制度中同样重要。因此，必须对微观主体提供的数据产权予以充分的肯定和重视，微观主体的基础数据管理水平决定全社会的数据资源管理水平。

3.2　广义会计核算的界定

3.2.1　广义会计核算的含义

未来微观主体的基础数据管理系统即广义会计核算系统将是一个立体交互的、全方面、全过程及其结果为内容的、融媒体形式的智能化全内容数据系统。可以自适应行业或系统大数据信息系统和所有互联网智能终端设备，实现与相应大数据数据库或数据平台的互联，实现各项数据查询服务。广义会计核算重新定义未来的数据资源形态和查询服务方式，与行业或系统大数据信息系统互联和提供对内、对外微观信息服务并存。基础数据管理系统采用云计算、大数据和人工智能技术，采取自动采集和人工输入采集相结合的方式，全面挖掘会计主体运行过程中管理所使用的原始数据——基础数据，形成全过程及其结果以及全方位的全内容基础数据的采集、分析、储存与应用系统，数据的载体可以是文字、图片、音频、视频等各种形式，多种形式灵活应用，立体交互。从信息资源管理概念界定的角度，每个微观主体在一定时期核算的基础数据整体就是该主体该时期的大数据，全部微观主体基础数据的集合就是行业大数据，乃至社会大数据。

广义会计核算系统——基础数据管理系统的产生是人类数据意识积累到一定程度的质变，从此开启了人类社会的数据智能时代。基础数据的管理、应用需要特殊的技术，包括大规模并行处理（massively parallel processor，MPP）数据库、数据挖掘电网、分布式文件系统、分布式数据库、云计算平台、互联网和可扩展的存储系统。信息技术（information technology，IT）的发展过程、微观主体广义会计核算的发展过程、企业的数据化经营过程就是大数据的形成与应用过程。大数据既是巨量数据，又是全方位、全年内容、全过程及其结果的数据信息资源。广义会计核算是全内容、全方位、全过程及其结果的数据核算。

3.2.2 广义会计核算的特征

从信息资源管理的视角，基础数据管理系统——广义会计核算系统提供的数据具备全面、精细、实时、安全的质量特征。所谓全面是指基础数据的广度，数据包含着体现研究对象已有特征的全面信息，即从中可以提取研究对象目前各方面、各环节、全过程的信息，不会因为某方面或某环节的信息缺失而限制对事物特征的继续研究。精细是指基础数据的深度，事物某方面的特征已经进行了较深入的挖掘和充分表达，可以清晰地体现事物各方面的特征。例如，垃圾分类管理中的一些宣传语反过来给基础数据管理很大启发：混放是垃圾，分类是资源。实时是指基础数据的管理——广义会计核算是一个动态数据系统，数据的传递、应用基本达到实时状态。安全是指基础数据管理系统的规制制定科学、严密、技术精湛，具有严格的管理制度和监督制度，确保数据安全。只有如此，才能保证全社会数据系统的正常运转并发挥作用，保证广义会计核算数据的客观、有用。保证人类智慧的结晶，在研究社会、发展社会中发挥巨大的能量。

3.3　会计对象、会计目标的拓展

3.3.1　会计对象的拓展

广义会计核算的对象不再仅仅是能以货币计量的经济活动，而是组织管理的全部活动；从信息资源管理的视角，会计是一种基础数据管理活动，是以反映或核算组织全方位的基础数据为手段，对组织的运营活动实施监督或控制。会计不再仅仅是研究以货币计量的经济活动，而是研究一个组织全面的生产经营活动或运营活动，为管理提供全面的信息，提高组织的效率和效益。会计的对象具有复合性、复杂性的特点，使用价值或服务的生产提供经营活动和价值的创造经营活动统一构成完整的会计学对象。会计信息发生量与质的拓展，既有定性描述信息，又有定量信息，既有货币计量信息，又有实物计量信息，尤其是交易成本信息的挖掘将使会计信息系统发生翻天覆地的变化，大量人与人关系的信息成为会计信息系统的庞大内容，这些内容的界定、描述表达如此复杂，如何规范、如何大道至简将是研究领域一道最亮丽的风景。会计提供的信息是全面的、全过程的、全方位的；既是即时的，又包括过去的、现在的、未来的。在会计信息的形成过程中，会计分期信息与即时信息并存，权责发生制信息与收付实现制信息并存，币值稳定信息与币值变动信息并存，持续经营信息与终止经营信息并存，会计信息的量与质进一步剧增。广义会计核算的各种前提条件、核算主体的各种状况都在核算的时空范围之内。比如，一个企业从注册成立到营业期间的整个经营活动及其结果再到企业终止经营全部都记录在企业的基础数据管理系统中，在链接的大数据系统中留下规定的印记。数据系统如何清除、甩掉一些数据有相应规定。

3.3.2 广义会计核算主体

记录、储存、管理、提供数据的微观会计核算单位称为广义会计核算主体。任何法人组织，包括政府组织、企业、民间非营利组织以及非法人组织，比如一个交易市场、一个个人，只要存在一个独立核算的事项或活动，其管理所需要的基础数据都要被相应的核算主体按照严格的程序、规范，输入主体的基础数据管理系统。广义会计核算的主体涵盖全社会每一个组织及个人，数据责任主体与活动主体并存。企业在进行工商注册、变更、检查时有基础数据，企业经营管理中有基础数据，而每个主体的基础数据管理系统与行业或相应的大数据信息系统智能相连。主体的基础数据会以各自的途径与社会的相应大数据平台或系统相联系、链接，形成各种大数据信息系统，各种数据平台或系统也可以实现一体、互联、共享。如何进行各种基础数据分类、记录、收集、整理、加工、保护、共享、应用，如何规范大数据信息系统的形成与应用，权利、责任、义务的划分与履行，主体之间的利益及博弈行为，需要以信息技术的发展为依托，在基础数据管理方面进行系统、深入的科学研究，形成完整系统的思想体系，建立系统、完整的规制系统。

3.3.3 会计目标的提升

会计的终极目标将由提高经济效益转为提高全面综合效益，即兼顾经济效益、生态效益、社会效益，不同的会计主体具有不同的侧重点；会计的核算目标是决策有用和解除受托责任同时实现。

3.4 广义会计核算统合了会计信息系统与统计信息系统

会计信息、统计信息都是工业社会的主要信息概念。传统会计核算中的信息是定量信息，是以货币为主要计量单位的信息；统计信息是国家统计部门根据经济、社会管理的需要，依托国家统计机构发派指令，由社会各组织按要求上报的，以定量数据为主的各类实物、货币计量的经济和社会信息，由于会计信息系统并不提供全面信息，所以，统计信息有一部分来源于会计信息，也有一部分由统计人员根据要求单独收集上报。统计信息是政府行业管理和宏观管理的需要，是会计信息的再整理分析和扩充。会计核算扩展为广义会计核算即基础数据管理信息系统以后，统计信息就来源于管理信息系统，是管理信息系统对外报告的一种。IT 时代，数据呈爆炸式增长，信息宛如狂风骤雨奔腾而来，数据是全方位、全过程的，货币、非货币的，定性、定量的，由于互联网技术，会计信息系统、统计信息系统已经进入了一个大融合的时代，会计信息系统与统计信息系统在信息革命中受到巨大的冲击，新的、统一的信息系统取代传统会计、统计系统，信息收集、加工、储存、输出、应用的全面数据化正在发生。中观与宏观的统计信息系统与会计信息系统将全面融合成为行业或宏观的大数据平台或系统，社会的信息产业也将形成，微观单位的管理信息系统是一个完整的基础数据管理系统，即广义会计核算系统。突破传统会计理论的狭隘观念，整合财务会计与管理会计，是"跨界、融合、创新"的互联网数据思维引发会计变革的主要体现。

3.5　广义会计核算体系

会计发展史上，现代会计产生的一个重要标志就是对内报告会计与对外报告会计的分离，产生管理会计分支体系。会计有两个分支：对内报告会计与对外报告会计。管理会计为管理当局提供管理信息。财务会计向会计主体以外的信息使用者，主要是投资人、债权人、政府部门等提供管理信息。两个分支中财务会计是产生早、发展相对比较成熟的一个分支。互联网信息技术引发的信息革命，突破了人们对信息资源管理的认知，财务会计系统与管理会计系统又在分离的基础上进入了一个全面融合与整合的时代。

3.5.1 数据核算的一体化与信息输出的多元化

从信息资源管理的视角，在重新确立信息系统目标的基础上，梳理信息的质量特征，重构与创新会计理论体系，重新设计信息体系的制度与规则，划分信息的类别，重新设计基础信息单元，分析信息的需求与供给，使得各信息单元的数据进入信息系统的时候是全面、全方位和全过程的，输出的信息不仅是分类的、有序的、系统的、科学的，而且还是多元的、多分支的、多层次的。其既能满足微观需求，又能满足中观与宏观需求；既能体现公共需求，又能体现私人需求；既能满足信息使用者对货币计量信息的需要，又能满足使用者对非货币的实物计量信息的需要；既能满足使用者对定性信息的需要，又能满足使用者对定量信息的需要等。

以企业为例，会计的研究对象是企业的生产经营活动，从信息资源管理的视角，无论是对内报告还是对外报告都是以提供信息为手段研究企业的经营管理过程，即核算与控制企业使用价值的生产、供给过程和价值的形成与转移过程，由原来仅核算与控制资金运动的狭义会计扩展为核算与控制生产经营全过程、各方面的广义会计。对内与对外报告非货币与货币、定性与定量的全面信息，由对内报告与对外报告相互分立的信息管理系统转变为对内与对外报告统一核算的信息管理系统，以提供全方位信息为手段，以优化使用价值的生产和交换过程、优化价值的转移和增值过程为目标，通过提供信息和参与决策，兼顾公平与效率，使社会价值目标、生态价值目标、经济价值达到最好的平衡。对使用价值生产活动和价值转移活动的管理是会计学的两个轮子。所有企业及其他组织的管理信息系统通过互联网连接为一体[①]，形成全社会的信息管理系统，即大数据信息系统。从微观视角看，企业的文化管理与生产经营战略管理包括供应管理、生产管理、销售管理，以及财务管理、资产管理、人力资源管理、信息管理等；从宏观视角看，投资人、债权人、政府部门、科研部门等均通过制度安排从信息系统取得信息。会计研

---

① 仇小微，黄芳．浅谈诺兰阶段模型对高校信息化阶段划分的启示［J］．企业科技与发展，2007（14）：13－14．

究应该以战略管理的思维，既研究会计主体内部管理问题，又研究主体之间的关系问题，研究宏观管理问题，从一个会计主体的全局研究其基础数据管理及提供信息与应用信息问题。以战略管理的思想构建会计的理论体系。

3.5.2 各责任中心基础数据应用

以企业为例展开分析，一般企业的经营管理都会划分各个责任中心，如企业发展中心、生产中心、供应中心、市场中心、内务中心、人力资源中心、财务中心、信息中心等①，各企业具体划分会有差异，但全部的经营管理权力与责任划分也要符合 MECE 分类法则，不交叉、不重复，也与部门基础数据的分类恰好吻合与联系。这些责任中心在各司其职、保证本部门正常运营、保证与相关部门之间协作共济的同时，也是会计核算的责任单位，各自的基础数据管理岗位工作人员负责将本部门责任范围内管理的基础数据输入管理信息系统，构成基础数据的录入系统，进入系统的基础数据按系统规则分类、汇总储存，在输出端提供信息服务。各责任中心的会计或基础数据管理岗位负责本部门基础数据即原始管理信息的录入，将供应商、客户的基础数据，供应基础数据、生产基础数据、人力资源基础数据、部门与部门之间的沟通交流协作基础数据，与供应商、客户关系维护的基础数据，按核算的科目、信息表达要求输入基础数据管理信息系统，根据会计的目标、信息质量特征要求、信息录入规则，研究应提供什么信息、信息质量标准、如何提供以服务于生产管理、供应管理、成本管理、收入管理、投资管理、财务管理、内务管理、人力资源管理、资产管理、信息管理乃至企业管理，并参与这些管理。从提供信息的角度，企业发展中心负责企业战略信息，包括企业文化建设、长期、中期、短期规划等信息的核算，供应中心、市场中心、生产中心负责企业供应、生产、销售成本、费用及生产、销售业绩的核算，以及供应商、客户关系信息的核算；内务中心负责企业内务管理基础数据核算；人力资源中心负责人力资源管理基础数据核算；会计核算信息系统则将

---

① 李健. 企业资源计划（ERP）及其应用 [M]. 北京：电子工业出版社，2009.

成本、收入信息进行管理整合，以整体、全局观点核算生产与销售的业务信息；财务中心负责企业筹资投资基础数据核算。整个信息系统要兼顾企业的整体、长远效益和近期效益，兼顾企业的经济效益和社会责任的履行。各责任中心基础数据管理岗位工作人员的会计核算与控制直接为企业管理服务，同时又是企业管理的重要组成部分，各责任中心既相互独立、各负其责、权责对等，又相互联系构成企业经营管理的整体。整个管理信息系统通过信息有规则地输出为各信息使用者提供信息。企业广义会计核算系统即基础数据管理系统形成综合的管理信息系统。

3.6　广义会计核算体系以生产成本与交易成本核算为基础

3.6.1　交易成本存在的广泛性

1937 年，美国芝加哥大学教授、著名经济学家、诺贝尔经济学奖得主罗纳德·哈里·科斯（Ronald H. Coase），提出交易成本理论，之后该理论得到普遍认可。该理论认为，交易成本（transaction costs）又称交易费用，是指企业用于寻找交易对象、订立合同、执行交易、洽谈交易、监督交易等方面的费用支出，主要由搜索成本、谈判成本、签约成本与监督成本构成。企业运用收购、兼并、重组等资本运营方式可以将市场内部化，消除由市场的不确定性带来的风险，从而降低交易费用。交易成本的概念是新制度经济学进行经济分析的支撑。因为交易成本泛指所有为促成交易发生而形成的成本，因此很难进行明确的界定与列举，不同的交易往往涉及不同种类的交易成本。科斯的贡献是提出了交易成本的概念，而系统化的工作是 2009 年诺贝尔经济学奖得主威廉森做的。威廉森最先把新制度经济学定义为交易成本经济学，广泛考察和研究包括市场组织、对市场的限制、工作组织、工会、现代公司（包括联合企业与跨国公司）、公司治理结构、垄断与反垄断和政府监管等资本主义的各种主要经济制度，并开创性地把交易成本的概念应用到对各种经济制度的比较和分析中，建立了一个全新的分析体系。

交易成本是与生产成本对应的概念，就是说交易成本是人与人的关系成本，而生产成本是人与自然界关系的成本，生产成本与交易成本的总和才是人类进行交易活动的总成本或完整成本。因此，交易成本与生产成本都是人类社会的一个基础性、普遍性的概念，有人类交往互换活动，就有交易成本，它是人类社会生产、生活中一个不可分割的部分。根据交易成本理论，虽然企业是市场的替代，企业的产生降低了交易成本，但交易成本仍然是企业不可忽视的耗费。交易成本是为达成企业与企业之间的交易关系发生的耗费，同时，交易成本是企业内部部门与部门之间、不同的工作岗位之间，员工与员工之间达成共识发生的耗费。虽然在企业内部以行政命令方式配置与使用资源，企业外部以市场交易方式配置与使用资源，但企业内部仍然存在交易成本。推而广之，企业以外的其他工作组织运作也存在交易成本，无论组织内部达成共识，还是组织与组织之间达成共识都需要耗费，交易成本都是一个普遍的存在。交易成本可以大胆地表述为，人类在工作中为了双方或多方达成共识开展工作而捕捉信息、运用信息、做出决策、采取行动过程中所发生的神、力、时、钱等一切耗费。如何自如地、高效率地收集和甄别信息，运用这些信息做出决策采取行动，是每个人工作的常态。

市场机制与行政机制是宏观资源配置的两种典型方式，企业、政府部门、非营利组织的微观资源配置都是行政配置方式，但宏观市场机制也有政府干预，行政机制有时也需要市场手段，即使企业或组织微观单位内部也会经常使用责任制、业绩考核等方式进行组织管理。市场机制与行政机制都在法律与道德的背景下发挥作用。无论是市场机制还是行政机制交易成本都普遍存在，处理人与人之间、企业与企业之间、组织与组织之间、企业与组织之间的关系，达成双方或多方共识并予以实施都需要耗费人力、物力、财力，尤其心力。

3.6.2 信息成本、情绪成本是交易成本的主要存在形式

交易成本数据的挖掘是复杂的，数字化的过程是人类认识数据思维的升

华。有人说数字化正以人工的方式走来，挖掘人与人之间的关系成本，寻找替代变量，使之数据化、数字化，甚至货币化是挖掘交易成本使之显性化的基本思路，也是连接人与自然生产成本以及人与人交易成本信息系统的纽带与桥梁。

货币化的过程中，从劳动价值论到供求价值论，再到效用价值论，反映了人类从关注物质需求到关注精神需求的一个自我意识的不断觉醒与提升过程，人类的管理信息系统由仅仅以历史成本计价发展到历史成本、现实成本、公允价值等计价标准同存，管理信息系统由仅以生产成本核算为基础，发展到以生产成本和交易成本核算为基础，会计信息决策有用性从"信息观"发展到"计量观"。以"计量观"为主流的"信息观"与"计量观"的融合成为今后一个历史阶段会计核算目标的主流观点。管理信息系统从强调对过去客观认识、仅提供过去的货币数据，发展到以客观、全面、综合、发展的观念认识问题，提供过去、现在、未来全过程的全面数据。图 3-1 直观反映了人类价值理论的发展过程，以及会计信息的决策有用性目标的相应发展变革。价值理论的发展，是人类对世界认知的不断深入的过程，也在人类对数据的记录、管理、应用方面反映出来，人类对数据的管理能力随之提高。"信息观"到"计量观"的转变也很好地描述了这一过程。数据信息系统发生质的飞越，提供全方位的信息已经指日可待。

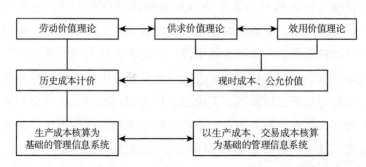

图 3-1　管理信息系统核算信息决策有用性信息观到计量观的变迁

数据化就是把现象转换为可制表分析的量化形式的过程，数据化的核心是量化；数字化是把模拟数据转换成用 0 和 1 表示的二进制码。

一家小公司开发、应用员工的情绪资源提高工作效率与质量。公司给每个员工发一袋红色、黄色和蓝色三种颜色的玻璃球，每天下班的时候，员工要是愿意就根据自己的情绪，向本部门的瓶子里投入一颗球。高兴就投红色的，一般就投黄色的，沮丧就投蓝色的。全凭自愿，也没人会盯着看谁投谁不投。第二天早上，高管发现哪个部门的蓝色球比平时多，就会跟这个部门的主管谈一谈。玻璃球的颜色代表员工的情绪，不同颜色玻璃球的数量说明了公司某部门的员工在工作中的情绪状况，企业高管根据每个部门员工的情绪评价部门的管理状况。管理者要对员工的情绪负责，管理思维升级了，管理水平提升了，把情绪管理提到了议事日程。这里的关键因素是全新的数字化的思维应用到了情绪的数据挖掘中，把模糊的、不能测量的情绪资源量化了，情绪资源变得可见、可衡量。数字化正在以人工的方式赶来。在企业基础数据管理即广义会计核算中运用数字化的思维、开启数字化的进程才是挖掘数据资源的可行之路。自1937年科斯提出交易成本的概念至今，交易成本的数据挖掘才刚刚开始。

3.6.3　广义会计核算需要完整的成本基础

从信息资源管理的视角，在对生产成本数据进行界定、核算、运用的基础上，广义会计核算已经步入界定、挖掘、运用交易成本数据的阶段或地带。界定、挖掘、运用交易成本信息成为企业基础数据管理的重要内容。交易成本的界定、数据核算与运用如同早期生产成本的界定、核算与应用一样都是基础数据管理的基本工作。生产成本与交易成本的数据集合才是人类社会活动成本的完美界定。在传统的财务会计信息系统中，生产成本是信息系统的基础概念，生产成本的核算是数据信息系统的基础。人力资源、知识资本的会计核算成为必然与必须，提供人与自然关系信息，同时提供人与人之间关系的信息。

3.6.3.1　市场价格信息对成本核算的反推作用

市场价格信息的作用，市场均衡价格信息的作用，与资产的计量标准是紧密相连的。比如，对一个电商平台的计价是一个不完全的历史成本，因为平台建设过程中耗费的物化劳动可计量，但消耗的活劳动是难以准确计量的，主要是知识资产或无形资产价值计量问题。但当平台应用达到均衡状态时，会员缴费达到成熟状态时，未来现金流量的折现是一种对平台价值的计量方法。再比如，10 万元一次婚礼摄影录像也是一个价格信息。市场的交易价格信息将反过来推动会计核算，推动企业基础数据的管理，推动数据化过程。数据化过程具有内在的规律，当每一个工作单元的成本能够因具有基础信息因素而得到足够恰当的核算时，数据化就向前进了一大步。这时广义会计核算体系已经是以生产成本和交易成本即完全成本为基础建立起的价值核算体系，广义会计核算体系既是社会演化的必然结果，也是人类智慧的结晶。

3.6.3.2 交易成本的计量智慧

变量的选择对交易成本确认、计量很有启发意义。迈克尔·斯宾塞（Michael Spence）认为，求职者具有私人信息，知道自己到底是一个能力高的人，还是一个能力低的人，但雇主不知道，没有办法进行识别和区分，信息是不对称的。具有信息优势的求职者主动发出一个信号，让处于信息劣势的招聘方能够看到求职者的真实价值。迈克尔·斯宾塞认为，要想让发出传递的信号更加可信，"行胜于言"。背后的逻辑是，高能力的人发出信号的成本要比低能力的人低，这样信号才会更加可信。迈克尔·斯宾塞以求职者能够发出的表现自己能力高低的信号——受教育的程度与质量来衡量求职者能力的高低。受教育是有成本的，包括受教育者付出的心理成本、身体成本，即受教育的人必须能够承受受教育带来的不适或者说负效应。研究中，迈克尔·斯宾塞深刻理解和应用了受教育的程度与质量、受教育成本的本质含义，以学生身心付出的代价即心理成本、身体成本衡量受教育的程度与质量进行研究。心理成本、身体成本是生理学、心理学、经济学等最综合的衡量标准，把学费这个受教育的货币成本远远地抛开，用心理成本、身体成本非常好地诠释和衡量了受教育的程度与质量。

迈克尔·斯宾塞认为，个人能力比较高的学生可以轻松地完成哈佛的学业，老师喜欢，同学也崇拜，成本相对来说比较低。而那些能力比较差的学生，首先，考不上哈佛；其次，即使考上哈佛，完成学业也很困难、非常费劲。能够完成哈佛 MBA 学业的学生就是高能力的学生。在迈克尔·斯宾塞的模型里，假设教育对一个学生的水平、能力没有任何的作用，也就是假设教育是无用的，不能提高学生的能力，但它照样能够作为一个信号机制告诉雇主谁是高能力的人、谁是低能力的人。这一研究使我们可以从更尖锐的视角去理解教育的意义。信号理论有两个很重要的假设前提条件。

（1）第一个条件：存在信息不对称，具有更多信息的人会首先行动起来发射信号；

（2）第二个条件：其中一部分人发射这个信号的成本要比另外一部分人发射这个信号的成本低，信号才会可信。

数据资源的科学管理已经成为一种客观的要求，数据资源管理需要一种新的规制，在生产成本数据管理理论的基础上，开拓与挖掘交易成本数据管理理论。交易成本的数据挖掘是探讨人与人关系的信息，探讨人与自然关系信息系统和人与人关系信息系统的融合、整合，推动信息资源管理学科的发展。信息科学技术、人工智能跨界整合，人与自然关系的数据信息系统和人与人关系的数据信息系统，社会会计部门融合吸收统计部门形成全方位的信息产业部门成为必然。

要挖掘数据资源的价值是一个系统工程，从数据产生的源头——基础数据核算主体的信息系统革命与重建开始思考与研究，抛开信息科学技术、人工智能的内容不说，仅仅是基础数据的界定、分类、命名、结构的寻觅就是一项浩大的工程，这一过程就是探讨世界底层逻辑即本质的过程。从基础数据管理的上述基础工作做起，是完成这一系统工程的必由之路。这是一个陌生的领域，同时又是一个熟悉的领域，需要在人类智慧——自然科学、社会科学，尤其是心理学、行为科学研究的基础上进一步进行深入探讨，这些学科知识必须交叉、融合，综合应用到基础信息的核算与管理之中，语言是呈现信息的工具，反过来必然促进语言科学的发展，而语言科学的发展会反作用于人类语言系统，在信息的管理应用中发挥更大的作用。

3.6.4　广义会计核算与大数据

3.6.4.1　具有代表性的两个大数据概念界定

2013 年 1 月 1 日，郭晓科在清华大学出版社出版了《大数据》一书。书中提出，大数据（big data）称巨量资料，指所涉及的资料量规模巨大到无法通过目前主流软件工具在合理时间内达到撷取、管理、处理并整理成为帮助企业经营决策更积极目的的资讯。大数据的规模超出了一般信息处理工具的处理能力，需要研究开发新的信息技术工具来处理大数据信息。首先，该观点是从信息资源管理的视角界定大数据，认为大数据的主要作用是为企业经营管理决策服务，推而广之就是为微观主体的运营管理服务，这正是基础数据管理的视角，即广义会计核算的视角；其次，之所以称为大数据，是因为是巨量资料，需要从巨量资料中提取经营管理需要的数据。量大（big volume）、高速（velocity）、多样（variety）、真实（veracity）成为大数据的显著特征。

2013 年 1 月，由浙江人民出版社出版的英国作家维克托·迈尔 – 舍恩伯格及肯尼斯·库克耶编写、周涛翻译的《大数据时代》一书认为，大数据是采用所有数据的方法，而不是随机分析法（抽样调查）这样的捷径。首先，说明了大数据是全内容、所有数据的概念，也正是广义会计核算的视角；其次，从研究方法的视角界定了大数据，就是本书科学研究与数据部分提到的大数据归纳法。大数据研究方法的产生与应用突破了传统经济学的研究方法，使得研究结论直接建立在全面、广阔时空范围数据分析的基础上，以其过程之率直、简洁，结论之可靠，独显出这种研究方法的生命力与魅力。大数据分析方法应用的是全内容、广阔时空范围的数据行为。数据智能时代，大数据是一个非常重要的概念。从数据资源管理的视角，所有数据都可归为大数据的概念，广义会计数据即微观主体的基础数据将成为大数据的重要组成部分。

3.6.4.2　广义会计核算数据集合形成大数据

企业资源计划（enterprise resource planning，ERP）不断升级，企业管理信息系统已经广泛运用到很多大公司的经营管理实践中，在总体设计上，企业管理信息系统已经是全方位的企业管理信息综合管理应用系统，人们逐步地认识到，全方位的数据信息系统已经成为企业、事业、行政单位，乃至行业、国民经济、社会管理的需要，是必不可少的组成部分。企业管理信息系统全方位的数据信息系统框架已经清晰可见，将企业的人、财、物以及相应的信息资源系统纳入了企业的综合经营管理系统，应用好这个系统，继续开发、创新这个系统，在时、空两个维度乃至更多的维度发现和拓展核算内容，建立全方位的全内容数据核算系统，将会计核算的概念拓展为基础数据管理，从学科的角度，进行广义会计核算的基础研究，在核算的前提、基础、计量视角、计量观、计量方式方法等多个方面进行创新，以适应和指导企业或组织的运营管理，以广义会计核算为基础重构基础数据管理系统。全社会共享、互联、科学管理的数据信息系统里所流动的数据即大数据。大数据来自各微观主体的广义会计核算即基础数据管理系统。企业管理信息系统作为互联网信息平台的一个接口，要保证会计信息的质量特征，适应大数据时代的要求，提供定性与定量、货币与非货币以及过去、现在、未来组织运营涉及的全面和全方位的精细数据。同时，数据的实时提供，极大缩短了信息搜索、传输、存储、分析、利用和反馈的周期，数据系统可以快速甚至实时响应信息需求，数据的及时性甚至可以做到实时性。这种实时的信息响应动摇了传统的会计周期的概念，定时的、滞后的传统报告将不复存在。数据的精准供给不仅成为可能，而且成为现实。

| 第 4 章 |

企业基础数据管理

4.1　企业基础数据管理的目标

企业基础数据管理的目标是实现企业内部数据共享，更充分地使用已有数据资源，减少数据采集等重复劳动和相应的费用，可以极大地降低企业成本，从而实现社会效益；能从企业外部获取决策所需的标准化的数据，制定出相应的数据产权保护的规范，各部门间、各企业间要设定数据使用权限，以利于数据的交易。[①]

在保证数据安全、数据质量的前提下获取、提供数据，以利于企业实现其战略目标。[②] 具体表现如下。

（1）确保企业自身及其利益相关方（包括客户、员工和业务合作伙伴等）和其他信息需求者的信息需求得到满足。

（2）确保企业能够获取、存储、保护所需要的数据并能保证数据资产的完整性。

（3）确保企业的基础数据符合质量标准。

（4）确保企业基础数据的安全，既要做到对获得的基础数据的保密，又

---

①　DAMA 国际，DAMA 中国分会翻译组编译 . DAMA 数据管理知识体系指南（原书第 2 版）[M] . 北京：机械工业出版社，2020.

②　崔璨 . 基于 DCMM 的会计数据管理能力评估模型研究 [D] . 太原：山西财经大学，2020.

要防止自身的基础数据出现未经授权或被不当访问、操作及使用。

　　随着信息时代的发展，不同部门、不同地区、不同企业间的信息交流逐步增加，大量的数据出现在网络上，由于不同用户提供的数据可能来自不同的途径，其数据内容、数据格式和数据质量千差万别，因而给数据共享带来了很大困难。面对多种多样的数据格式，要实现数据共享，首先，应建立一套统一的、法定的数据交换标准，规范数据格式，使用户采用规定的数据标准。① 其次，要建立相应的数据使用管理办法，制定出相应的数据产权保护的规范，各部门间、各企业间要设定数据使用权限，这样才能在实现企业信息保护的同时实现信息共享。

4.2　企业基础数据管理的要素

　　为了提高企业基础数据管理的质量，企业基础数据管理应包括以下要素。

4.2.1　管理主体

　　企业基础数据管理是企业的一项重要管理工作，它涉及企业内部各部门间是否能高效、规范地使用数据，避免各部门重复采集数据，从而降低企业的运营成本。它也涉及企业对外提供数据以及企业获取外部数据的问题，企业需要企业外部的数据，同样，其他企业也需要该企业的数据，因此，企业有义务对外提供数据，而对外提供哪些数据、以什么形式提供数据，需要管理层的决策。而按照管理层的决策，具体操作又需要数据管理中心实施。因此，企业基础数据管理的责任主体是企业管理层、实施主体是企业的数据管理中心。

---

① 杨春红. 试谈企业数据标准化体系建设［J］. 电脑编程技巧与维护, 2019（12）：88 - 90 + 108.

4.2.2　管理客体

企业基础数据管理的客体即企业基础数据管理的对象，就是企业产生的基础数据和企业从外部获取的基础数据。

4.2.3　管理内容

企业基础数据管理涉及企业提供的基础数据和从外部获取的基础数据。企业向外部提供的基础数据要以规范的形式在保证企业自身数据安全的同时来满足其他企业对基础数据的需求。企业向内部各部门提供的基础数据和企业从外部获取的基础数据也都需要在保证基础数据安全的前提下，便于各部门对基础数据的获取和使用。

企业基础数据管理的内容包括企业基础数据的分类管理、标准化管理、安全管理、质量管理等。[①]

4.2.4　管理手段

企业基础数据管理既要满足企业自身对数据的需求也要满足其他企业及政府管理对数据的需求，既包括有义务的无偿提供也包括有偿提供。实现这种复杂的管理要求需要借助大数据技术、云计算技术、区块链技术等。

4.2.5　管理团队

要实现企业基础数据的管理目标，企业要建立起数据管理团队。设立基础数据管理中心，配备具有数据素养的人才，才能保证企业基础数据管理的专业性和有效性。具有数据素养的人才，是指具有数据敏感度、数据获取能

---

① 陈丽金. 广东省地级市政府数据开放平台的数据质量管理研究［D］. 贵阳：贵州财经大学，2021.

力、数据分析能力、数据利用能力、数据批判性思考能力的人才。管理团队的成员既要有数据素养的人才也要有信息技术的人才，更要有沟通管理的人才。

4.3　企业基础数据管理的原则

为了实现企业数据管理的目标，保证企业数据的合法性、安全性、可用性和效率性，企业基础数据管理应遵循以下原则。①

4.3.1　基础数据管理基于高层领导和企业战略

企业的基础数据管理活动是由企业业务战略所驱动的，涉及范围广泛、过程复杂，需要协调、协作和承诺。领导层的愿景决定着企业的战略，因此，企业基础数据的管理需要远见卓识的领导。

4.3.2　基础数据管理要遵循整体性规划

企业基础数据管理存在很多专用的应用程序，但它必须能够有效地被应用于整个企业，要用企业级的视角，适应企业整体利益进行管理，需要从架构和流程的角度进行规划。

4.3.3　基础数据管理需要充分利用信息技术

数据和数据管理与信息技术和信息技术管理关系紧密，信息技术促进、提升了数据管理的功能和质量。因此，企业基础数据管理的有效性在很大程度上依赖信息技术。

---

① 吴博妍．大数据背景下中小型企业的数据质量管理研究［J］．老字号品牌营销，2022（1）：127-129.

4.3.4　基础数据管理需要做好多部门协同

基础数据管理需要一系列的技能和专业知识，单个部门无法管理企业的所有数据。基础数据管理不仅需要技术能力，还需要协作能力，才能有效地实现数据管理目标。因此，多部门协作必不可少。

4.3.5　基础数据管理需要保持动态、发展性原则

数据是流动的，数据管理必须不断发展演进，以跟上数据创建的方式、应用的方式和消费者的变化。数据是有生命周期的，数据管理需要全生命周期的管理，即从创建或采购直至处置的数据周期，包括其在系统内部和系统之间流转时的数据管理（数据链中的每个环节都应确保数据具有高质量的输出）。不同类型数据有不同的生命周期特征，因此，它们有不同的管理需求。数据管理实践需要基于这些差异，保持足够的灵活性，以满足数据管理的需求。

4.3.6　基础数据管理需要时刻防范风险

数据可能会出现丢失、被盗或误用，因此，数据会给企业带来风险。企业必须考虑数据获取、产生、使用、提供全过程的安全，避免由于风险给企业带来损失。

4.4　企业基础数据管理的组织机构

企业基础数据管理的机构，是负责企业基础数据管理系统建设和运行的部门。基础数据管理机构进行企业基础数据管理必须协调各部门进行基础数据的确认、记录、上传系统，协调各部门对基础数据的需求，识别、整合企

业各部门的数据。随着企业数据化经营平台的形成，企业基础数据管理机构还要负责企业基础数据管理系统与平台的链接，包括数据上传平台以及从平台获取数据。数据的管理包括数据的对外输出决策，数据的标准化管理、数据查找管理、数据安全管理、数据质量管理等。

很多企业都已经认识到数据是一项重要的资产，数据对于企业的经营管理、战略目标的实现起着重要的作用。但是企业对于数据作为一项资产进行管理做得还很不够，有些企业对数据作为一项资产进行管理刚刚起步，有待于进一步提高管理水平。要实现企业基础数据管理目标必须建立数据管理的组织机构。

4.4.1　企业基础数据管理组织机构的构成

企业基础数据管理范围广泛，涉及企业经营管理的方方面面、各个环节。因此，企业基础数据管理机构肩负着基础数据组织、协调和决策的重要职能，因此，要有强大的领导能力才能实现数据资产的管理目标。数据管理自身又十分复杂，从数据的产生到如何存储数据、如何提供数据，从数据库的技术部署和性能提升到如何利用数据等。数据管理不仅需要经营管理的业务知识，还需要信息技术、人工智能知识，数据管理是自然科学与社会科学相交叉的领域，从学科角度，数据管理是目前最综合的学科。只有相关业务、技术人员密切协作才能保障对企业的基础数据实现科学管理，为企业实现精准、高效的数据化经营服务。因此，要实现企业基础数据的管理目标，必须在企业的基础数据管理机构科学设置工作部门或岗位，配备专业的数据管理人员。数据管理部经理由企业的总经理担任，企业数据管理部实行部门经理负责制，企业数据管理部下设各管理中心，由企业内部各部门负责人（业务人员）、信息技术人员作为成员组成。企业数据管理部直接对董事会负责。

企业数据管理部直接对董事会负责。企业数据管理部成立数据标准化中心，负责输入及输出数据的规范；成立元数据管理中心，负责编制数据存放目录，一方面便于各部门获取所需数据，另一方面利于数据的长期保存；成立主数据管理中心，主要负责企业主数据的存储及输出的管理；成立交易数据管理中心，主要负责企业经营活动形成的基础数据的存储及输出管理，以及从企业外部获得的基础数据的存储及输出管理；成立数据质量管理中心，主要负责检查、监督输入及输出数据的质量；成立数据安全管理中心主要负责确定各部门使用数据的权限，以及对外输出信息的内容及形式；成立 IT 技术中心，主要负责企业基础数据全过程管理的技术问题。企业基础数据管理部门的组织架构见图 4-1。

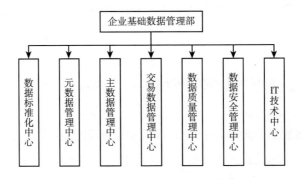

图 4-1　企业数据管理部组织架构

企业基础数据管理部需要建立起数据管理的目标、原则，明确各管理中心的职责以及管理部经理的职责。以保证企业数据管理部在企业基础数据管理中的作用。

4.4.2　企业基础数据管理各责任中心的职责

4.4.2.1　标准化管理中心的职责

标准化管理中心是企业数据管理部的核心，只有将企业基础数据规范好，才能在数据的产生、获取、提供、使用及处置的全生命周期中保证数据的安全和质量。

（1）数据分类依据能满足企业内外部对数据的需求；分类对象应涵盖企业所有的数据，做到不遗漏不交叉。

（2）数据编码便于利用，数据编码能够易于计算机和人识别处理。

4.4.2.2　安全管理中心的职责

数据安全是数据交易及数据共享的基本前提，保证数据安全应履行以下几个方面的职责。

（1）支持对隐私、保护和保密制度、法规的遵从，确保数据资产的安全完整性。

（2）确保满足利益相关方对隐私和保密的要求，确保数据交易事务的顺利开展。

（3）支持适当的访问并防止对企业数据资产的不当访问，一旦出现问题，能最大限度地减少敏感（机密）数据的扩散。

（4）数据安全工作，涉及 IT 安全管理员、数据管理专员、企业内部和外部审计团队以及法律部门，需要明确界定各角色及其职责，包括跨组织和角色的数据"监督管理链"，安全中心做好协调工作使得各部门协同合作。

（5）运用数据安全标准和策略时，必须保证企业内的一致性。

4.4.2.3　质量管理中心的职责

企业基础数据的质量是企业基础数据的灵魂，相当于会计信息对可靠性的要求。没有质量保证的数据是没有任何使用价值的，质量中心的责任非常重大。

（1）根据数据使用者的需求制定企业基础数据质量控制的标准和规范。

（2）数据质量控制的重点应放在预防数据错误和降低数据可用性等情形上，不应放在简单的纠正记录上，做到从源头保证数据的质量。

（3）质量中心要参与企业基础数据生命周期的全过程，因为提高数据质量不只是纠正错误，数据质量问题通常与流程或系统设计有关。

4.4.2.4　元数据管理中心的职责

元数据就是数据使用者的向导，它指引着数据使用者如何便捷获得所需数据。

（1）提供标准途径，使元数据使用者可以便捷获得所需数据。

（2）记录和管理与数据相关的业务术语的知识体系，以确保人们理解和使用数据内容的一致性。

（3）创建反馈机制，以便数据使用者可以将错误的或过时的元数据反馈给元数据管理团队。

4.4.2.5 技术中心的职责

技术中心是为企业基础数据管理提供技术支撑的中心，技术中心对企业基础数据管理的水平及保障企业基础数据安全使用和交易起着重要的支撑作用。

技术中心要协调各类技术的应用，实现企业基础数据管理所需的技术支持，如网络技术、软件技术、数据库技术集成化等综合利用帮助企业管理生产经营活动中的所有信息，实现企业内外部信息的有效利用。

（1）根据企业业务的需求进行软件开发及使用维护。

（2）跟踪行业信息技术发展，探讨论证企业相关业务实施方案，提升企业数据管理的应用水平。

（3）定期了解各部门数据需求和应用开发，保障企业数据管理目标的实现。

（4）落实各个重要系统的监控和数据备份工作，确保数据的安全。

4.4.2.6 主数据管理中心的职责

主数据是企业内外部数据需求者使用的相对稳定的数据，此类数据的管理对数据需求进行相关信息的分析至关重要，因此，加强主数据管理保证主数据质量是数据需求者进行数据分析的基础保证。

（1）负责主数据管理整体规划，对成本中心、产品、渠道、组织等主数据进行整合、打通，以适应企业经营管理战略的需要。

（2）负责制定主数据管理流程、标准、管理制度、监督考核办法及执行落地，以及与业务部门、管理职能部门、使用人员协同，并结合实际情况进行优化和改善。

（3）负责对主数据资料的及时检查、更新和完善，保证企业内外部的数据需求。

（4）组织统筹各类主数据（成本中心、产品、渠道等）的维护工作，保证数据的一致性、完整性、相关性和精确性。

（5）负责管理主数据用户权限的审核及维护工作。

4.4.2.7　交易数据管理中心的职责

交易数据是企业开展经营活动过程中形成的反映企业经营实情的数据，因此，交易数据的输出不是完全公开方式的，要区分数据需求者。

（1）负责制定交易数据存储、输出的流程、标准和管理制度。

（2）组织统筹各类交易数据的维护工作。

（3）负责管理不同类别交易数据的用户权限的审核及维护工作。

4.4.2.8　企业数据管理部部长的职责

企业数据管理部的部长由企业总经理兼任，负责协调企业数据管理各中心进行数据的获取、存储、提供、使用及处置。

企业基础数据应该具备全面、系统、科学的质量特征。全面是指数据的范围广，涉及企业的各个方面，应有尽有。即在一定程度上可以从大数据中获取研究对象各方面、各环节、全过程的数据信息，不会因为某方面、某环节的信息缺失而影响对象的研究；系统是指数据信息不是杂乱无章的，而是经过严格、细致的科学分类，有序排列，以体现对象各方面特征；科学是指数据信息真实、严密、可靠，这需要企业建立起严密的数据信息形成体系，具有严格的管理、监督制度。提供基础数据的每个个体都是数据信息系统的主体，按照严格的程序和规范把基础数据信息输入信息系统、经过系统的处理输出信息系统。

使得企业基础数据达到质量标准，需要企业与政府相关部门共同努力才能实现。对于企业要解决的首要问题是对数据进行分类与规范。

企业数据管理部部长的职责如下。

（1）负责主持数据中心的全面日常工作，负责制定本部门的管理制度及组织建设，并监督本部门人员全面完成部门职责范围内的各项工作任务。

（2）负责本部门员工的工作检查、考核及评价。

（3）贯彻落实本部门岗位责任制和工作标准，加强各部门工作关系，加强与各部门的协作配合，做好衔接协调工作。

（4）负责企业信息化系统总体构架，构建企业信息化实施组织，结合业务流程、项目管理，实施企业集成信息化系统。

（5）负责企业信息化项目关键控制点的监督、控制和风险评价。

（6）负责组织企业的信息安全工作，持续加强企业的信息安全管理。

（7）负责组织对计算机网络及信息系统的维护，保证网络及信息系统的正常运行。

4.5 认知企业广义会计核算对象

企业经营管理的全部原始数据，即企业基础数据，就是广义会计核算的对象。

对企业广义会计核算对象进行系统梳理、归纳、分类，以形成会计要素；会计要素按核算技术与提供数据服务的需要进一步分类产生会计科目。为了企业基础数据管理的科学规范，为了将来建立数据化经营平台做好准备、为企业数据化经营服务，国家信息管理部门需要加快企业基础数据管理的科学研究，为企业广义会计核算即企业基础数据管理提供统一、灵活的数据管理核算一级科目或一级字段索引，为企业更详细地划分核算或管理科目提供依据与指导。

广义会计核算对象按企业基础数据的形成来源划分为四类会计要素。

4.5.1 企业广义会计核算的会计要素

对企业在经营管理过程中产生及获得的企业内外部的基础数据进行基本的分类就形成了广义会计核算的会计要素，包括企业基本情况数据、对企业产生影响的外部因素的数据、对企业产生影响的内部因素的数据、企业经营活动的数据。

4.5.2　企业广义会计核算的会计科目

对企业广义会计核算的会计要素进行进一步分类形成的分类标志就是广义会计核算的会计科目。不同类别的会计要素下会计科目的设置方法不同，基本的原则是不交叉不重复。企业基本情况数据这类会计要素按基本情况的公开情况设置总分类会计科目，按基本情况的项目设置明细分类会计科目；对企业产生影响的外部因素数据这类会计要素按产生影响的情况设置总分类会计科目，按产生影响的因素设置明细分类会计科目；对企业产生影响的内部因素数据这类会计要素按产生影响的因素设置总分类会计科目和明细分类会计科目，具体地按产生影响的部门设置总分类会计科目和明细分类会计科目；企业经营活动的数据这类会计要素按企业经营活动的环节设置总分类会计科目和明细分类会计科目。

本书以制造企业为例，不同行业的会计科目根据各自行业的特点确定。

（1）企业基本情况数据分为：可对外公开的数据如法人、股东高管、经营范围、成立时间等；内部使用的数据如人员的具体分类、企业的核心技术等。

（2）对企业产生影响的内部因素的数据是指对企业生产经营产生影响的相关因素。按企业内部的部门分为：生产部门的数据，主要指生产条件，如设备老化程度、设备的先进程度、生产环境的安全情况等。人力资源部门的数据，主要指劳动力的劳动能力，如人员年龄梯队、人员的学历构成等。技术部门的数据，主要指企业所需的信息技术等情况，如人员的技术水平，企业运用的技术、系统等。企业管理部门的数据主要指企业的管理政策、管理制度等。

（3）对企业产生影响的外部因素的数据是指企业从外部获取的数据，分为：对企业有直接影响的数据，主要指对企业的成本、利润、投资、融资产生直接影响的数据，如市场上融资的资金成本、市场上原材料的供求状况及价格、市场上产品的需求状况等。对企业有间接影响的数据，主要是对企业的成本、利润、投资、融资产生间接影响的数据，如企业供应商的经营状况、企业客户的经营状况、企业客户的资信情况等。

（4）企业经营活动的数据是指从资金运动角度对企业经营活动各环节进行分类的数据。按财务管理环节设置总分类科目和明细分类科目，包括筹资活动数据、投资活动数据、运营活动数据、利润形成及分配活动数据。

以上是总分类科目的基本情况，明细分类科目在总分类科目下根据业务活动的特点自行确定。

4.5.3　人力资源基础数据核算科目分析

人力资源管理部门的数据属于对企业产生影响的内部因素数据，这类会计要素下的会计科目其明细科目按企业人力资源管理部门的六大职能设置。

人力资源管理部门的基础数据从人力资源管理部门履行职能的角度列示。企业人力资源管理最终要落实到人力资源各个职能模块上，主要有六大职能，即职位分析与职位设计、员工招募与甄选、培训与开发、绩效管理、薪酬福利管理、劳动关系管理。

人力资源管理部门在工作中形成的基础数据包括以下的内容，是企业人力资源管理部门这一会计科目的具体内容。

4.5.3.1　职位分析与职位设计

工作分析是现代人力资源管理的所有职能即人力资源获得、开发、评价与控制、保持与激励、整合等工作的基础和前提，只有做好工作分析与职位设计，才能完成企业人力资源规划、招聘与选拔、培训与开发、员工的使用与调配、绩效管理、职业生涯设计、薪酬设计管理、员工关系管理等工作。

工作分析实质上是确定某一特定工作本身以及完成这一工作所需人员应具备的素质、知识、技能、责任等基本要素的系统过程。它的结果是产生工作描述和任职说明。工作描述和任职说明是职位分析与职位设计这一明细会计科目的下一级明细科目。

（1）职位分析与职位设计下一级的明细科目。

①工作描述：又称职务描述、工作说明，是用书面形式对组织中各种职位的工作性质、工作任务、工作职责与工作环境等所做的统一要求。工作描述的主要内容包括，工作识别、工作编号、工作概要、工作关系、工作职责和工作环境等。

②任职说明：阐明任职资格，确定工作规范或岗位规范、工作要求或岗位要求，主要包括身体素质、受教育程度、工作经验和技能、心理素质和职业道德等。

（2）职位分析与职位设计明细科目涵盖的数据。在企业实际业务操作中工作描述和任职说明以职位说明书的形式体现。职位说明书的具体内容主要包括以下几个方面。

①基本资料：职务名称；直接上级职位；所属部门；工资等级；工资水平；所辖人员；定员人数；工作性质。

②工作描述（工作说明）：工作概要；工作活动内容、时间百分比、权限等；工作职责；工作结果；工作中受谁监督、监督谁；可晋升、可转换的职位及可升迁至的职位；与哪些职位有联系。工作人员运用设备和信息说明。

③任职资格（工作规范）：最低学历；所需培训的时间和科目；从事本职工作和其他相关工作的年限和经验；一般能力；兴趣爱好；个性特征；性别、年龄特征；体能要求如工作姿势、视觉、听觉、嗅觉有何特殊要求、精神紧张程度、体力消耗大小等。

④工作环境：工作场所、工作环境的危险性、职业病、工作时间特征、工作的均衡性、工作环境的舒服程度。

4.5.3.2　员工招聘与甄选

招聘是指企业为了发展的需要，根据人力资源规划和职位分析的要求，通过科学的程序和方法，寻找、吸引具备资格的，有兴趣到本企业工作的人才的过程。

（1）员工招聘与甄选的下一级会计科目。员工招聘与甄选是一个复杂的工作过程，根据其工作过程的各环节设置下一级会计科目，包括招聘计划、评估招聘效果、录用人员评估、招聘人员的工作评估、员工甄选。

（2）员工招聘与甄选下一级会计科目涵盖的数据。

招聘计划的具体内容：招聘的组织即招聘小组人选，包括小组人员姓名、职务、各自的职责等；招聘的规模，包括吸引的人数、参加笔试人数、参加面试人数、录用人数；招聘的范围，包括本地人才、地区人才、全国人才、跨国人才（跨国招聘全球性人才）；招聘岗位和岗位要求，包括招聘的职务名称、人员需求量、任职资格要求等；招聘的实施即应聘者的考核方案，包括考核的场所、大体的时间、题目设计等；招聘费用预算，包括人工费、业务费及其他费用，如资料费、广告费、差旅费和人才交流会费用等。

评估招聘效果的具体内容：有效性，围绕职位要求拟定测验项目，测试内容必须正确、合理，必须与工作性质相吻合。可靠性，评判结果能客观反映应聘者的实际情况，测试成绩能表示应聘者在受试科目方面的才能、学识高低。客观性，招聘者对应聘者进行客观地评价，一方面不受个人偏见、偏好、价值观、个性、思想、感情等主观因素的影响；另一方面不会因应聘者的身份、社会地位、种族、宗教、党派、性别、籍贯和容貌等因素不同而有高低之差别。广博性，测试的内容必须广泛到能测出所要担任的工作的每一种能力，并且每一测试科目的试题应该是广泛的，而不是偏狭的。经济性，主要是考虑人员获得的成本是否在预算之内，与收益相比是否过大，要考虑企业对招聘成本的承受能力。

招聘成本评估，即对招聘中的费用进行调查、核实，并对预算进行评价的过程。招聘成本评估是鉴定招聘效率的一个重要指标。如果成本低，录用人员质量高，就意味着招聘效率高；反之，则意味着招聘效率低。

录用人员评估，即根据企业招聘计划和招聘岗位的工作分析，对所录用人员的质量、数量和结构进行评价的过程。录用人员评估的具体内容包括：评估招聘录用人员的数量可以通过录用比、招聘完成比、应聘比等来完成；评估招聘录用人员的质量根据招聘的要求对录用人员进行等级排列来确定其质量。

招聘人员的工作评估具体内容包括录用新员工的合格率、职位平均空缺时间表、新员工满意度等。

员工甄选是对招聘员工录用、定岗前的进一步考查，主要从知识、能力、个性、动力因素方面进行甄别。员工甄选的具体内容包括：知识可分为综合知识和专业知识的考查；能力是个体绩效差异的重要因素，分为一般能力与特殊能力；个性是指一个人比较稳定的心理活动特点的综合。个性可以包括性格、兴趣、爱好、气质等，这些特征决定着个人在各种不同情况下的行为表现。个性特点与工作绩效密切相关。动力是行为的内在原因，它由需求而产生，为行为提供能量，具有目标指向性。员工要取得良好的工作绩效，不仅取决于知识、能力水平，还取决于做好这项工作的强烈欲望和动机。

4.5.3.3　员工培训与开发

员工培训是指企业通过教育、训练等方式向员工提供工作所必需的知识、技能、价值观、行为规范等方面内容的过程，是人力资源开发的中心环节，是指为帮助企业实现战略目标、提高人们实际工作能力，通过正式的、有计划的培养方式，获得与工作要求相关的知识和技能的过程。

员工开发是依据员工需求与企业发展目标对员工进行的一种面向长远的人力资源投资活动。开发关注得更为长远，是对超出现在的工作范围的学习，是通过学习和成熟而变得日益复杂、更加细致和差异化的过程，是一个兼具连续性和非连续性的过程，是一个量变到质变的过程。

（1）员工培训与开发的下一级会计科目。员工定岗之后为了让其能更快地熟悉岗位工作内容，更好地胜任工作岗位，要对员工进行培训与开发，根据员工培训与开发的内容设置下一级会计科目。

（2）员工培训与开发下一级会计科目涵盖的数据。员工培训涉及的范围小、时间短，3~6 个月可以看到效果。具体工作包括培训制度的拟定、培训计划的编制与实施、培训效果评估等。

员工开发主要包括：知识方面的开发，不断更新员工的知识结构和知识领域；技能方面的开发，使员工掌握可用于实际操作的新技术、新工艺、新方法、新设备；态度方面的开发，培养员工正确的工作态度，使员工能自觉将个人工作目标与企业目标结合起来；行为方面的开发，使员工的工作行为符合本企业行为准则的要求，并形成良好的企业文化。

4.5.3.4 绩效管理

绩效是员工在工作过程中所表现出来的、与企业目标相关的，并且能够被评价的工作业绩、工作能力和工作态度。

绩效管理是各级管理者和员工为了达到组织目标，共同参与的绩效计划制定、绩效实施沟通、绩效考核评价、绩效结果应用、绩效目标提升的持续循环过程。

（1）绩效管理的下一级会计科目。绩效管理的实施是按照绩效计划对员工工作绩效进行原始数据收集，并对员工绩效进程进行监控、辅导与改进的过程。根据这个过程设置下一级会计科目，包括绩效计划、绩效评估和绩效反馈。

（2）绩效管理下一级会计科目涵盖的数据。

绩效计划。是管理人员与员工共同讨论以确定员工考核期内应该完成哪些工作、达到怎样的绩效水平的过程。

绩效评估。是企业根据员工的职位要求，运用科学的方法、标准和程序，对员工的工作业绩（包括工作行为和工作结果）进行测量和评价的过程。绩效评估包括：工作能力的评估，员工在工作过程中所表现的能力体现在工作的技术能力、知识的掌握能力、相关的工作经验和工作中所需要的体能；工作态度的评估，对员工工作中所表现出来的工作态度和努力程度的评价，即对员工工作积极性的一种衡量；工作业绩的评估，对员工在企业工作中所取得的工作成果的一种评价；工作行为的评估，对员工在工作中的相关行为做出评价，衡量其工作行为是否符合企业的规章制度和要求。

4.5.3.5　薪酬与福利管理

薪酬是企业支付给员工的，是对员工以时间、努力和劳动为企业带来产出的回报。薪酬的本质就是一种交换关系，用人单位支付报酬换取劳动者提供劳动，包括经济性报酬和非经济性报酬。经济性报酬是指可以用货币的形式表现出来或者能够用货币来衡量的那部分报酬，如员工的工资、奖金、津贴等。非经济性报酬指不可以用货币的形式表现出来或者不能够用货币来衡量的那部分报酬，如员工成长和发展的机会、工作成就感、参与决策的机会、特定的工作环境等。

员工福利作为一种劳动报酬，是直接工资和奖金之外的员工待遇，体现企业内部的二次分配政策，通常采取延期支付和非货币支付的形式。员工福利不按工作时间和个人贡献给付，只要是企业的成员，一般都可以基本均等地获得福利，带有一定的普惠性质。

（1）薪酬与福利管理的下一级会计科目。薪酬与福利既是对员工劳动的补偿，也有激励员工的作用，因此，薪酬与福利的形式与数量的确定对员工忠诚度的培养以及对员工责任感的激发都有重要的作用，对企业有重要意义。根据薪酬与福利管理的内容设置下一级会计科目，包括薪酬管理和福利管理。

（2）薪酬与福利管理下一级会计科目涵盖的数据。薪酬与福利对员工劳动的补偿及对员工的激励都不可或缺，其具体内容如下。

薪酬管理包括：薪酬水平。指企业内部各类职位以及企业整体平均薪酬的高低状况，它反映了企业支付薪酬的外部竞争力；薪酬结构。是对同一组织内部的不同职位或者技能之间的工资构成所做的安排，反映了组织内部员工间的各种薪酬的比例及其构成，是在内部公平性与外部竞争性这两种薪酬设计标准间权衡的结果；薪酬形式。确定分级配给每位员工总体薪酬的各个组成部分及其比例关系和发放的方式；薪酬管理政策。主要涉及企业的薪酬成本与预算控制方式以及企业的薪酬制度、薪酬水平是否保密等问题。

员工福利管理包括法定福利项目和企业自定福利项目。员工福利是向全体或部分员工提供的用以改善其本人和家庭生活质量的直接经济报酬以外的各种津贴、补贴、实物和服务等。员工福利项目种类繁多，其中，法定的福利项目（社会保险、法定节假日、带薪休假）企业无权决定，必须按法律规定执行，其他福利项目均由企业自行确定。

4.5.3.6　劳动关系管理

劳动关系是指劳动力所有者与劳动力使用者之间，以实现劳动过程中建立的社会、经济和法律关系。这里的劳动力所有者指员工个人及其团体，劳动力使用者指用人单位。劳动关系既是一种劳动管理关系，也是一种权利义务关系。

（1）劳动关系管理的下一级会计科目。劳动者与用人单位之间实现相互成就是劳动关系管理的最高境界。劳动关系管理包括劳动合同管理、劳动纪律管理、劳动安全管理、劳动争议管理等。根据劳动关系管理的内容设置下一级会计科目。

（2）劳动关系管理下一级会计科目涵盖的数据。劳动合同管理包括：员工招收录用条件、劳动合同草案、有关专项协议草案审批权限的确定；劳动合同续订、变更、解除事项的审批办法、试用期考察办法；员工档案的管理办法；劳动合同管理制度修改、废止的程序等。

劳动纪律的管理包括劳动时间的规定、劳动岗位的规定、协作规则等。

劳动安全管理包括安全生产管理、劳动保护管理、工伤事故管理、职业病管理等。

劳动争议管理是对劳动争议预防及发生的劳动争议解决的管理。劳动争议是劳动关系当事人之间在履行劳动合同时，因实现劳动权利和履行劳动义务产生分歧而引起的争议。个别劳动争议是个别职工与企业之间发生的劳动争议；集体劳动争议，是发生劳动争议的职工一方达到法定的人数并且具有共同争议理由的劳动争议。

人力资源管理部门的六大职能是对企业产生影响的内部因素数据这一会计要素下人力资源管理部门数据这一会计科目下的明细科目，企业人力资源管理部门六大职能的数据就是明细会计科目反映的数据。为了这些数据便于被数据需求者使用，就需要对这些数据进行标准化管理。

4.5.4　编码标准化的设置[*]

对企业基础数据的标准化管理，最主要的是企业基础数据编码标准化，第一层次用 1 位数的英文字母表示，包括企业基本情况数据、企业内部环境影响因素数据；企业外部环境影响因素数据、企业经营活动的数据，分别用 A、B、C、D 表示。第二层次是第一层次内容的具体构成，根据第二层次内容的情况采用不同的编码方法。企业基本情况数据、企业内部环境影响因素数据、企业外部环境影响因素数据，这几类基础数据的具体内容比较固定，用有含义的缩写码表示（缩写码用于稳定并且编码对象的名称在用户环境中已是人所共知的有限标识代码集）。本书以汉语拼音首位字母组合表示缩写码。企业经营活动的数据变化较多采用无含义代码。

人力资源管理部门的基础数据属于企业内部环境影响因素数据。第一层次用英文字母 B 表示；第二层次用缩写码 rlzyglsj 表示；第三层次以下都用顺序码，层次的设定以数据分类表达清楚为准。01 职位分析与职位设计、02 员工招募与甄选、03 培训与开发、04 绩效管理、05 薪酬福利、06 劳动关系管理。

本书以制造企业经营活动的数据为例进行编码举例。企业经营活动的数据属于第一层次的第四类，用英文字母 D 表示。经营活动中每一阶段活动的数据是第二层次，用递增顺序编码：01 筹资、02 投资、03 运营、04 利润分配。每一阶段内部的数据采用无含义代码（递增顺序码）—递增顺序码—系列顺序码……最后一层次用缩写码（如果四个层次不能表达清楚，可自动再设置下一个层次，除第二、第三层次及最后一层次外，每一层都用系列顺序码）。系列顺序码，只有在类别稳定并且每一具体编码对象在目前或可预见的将来不可能属于不同类别的条件下才能使用。

广义会计核算的总分类会计科目和明细分类会计科目从数据产生的角度去写。

---

[*]　DAMA 国际，DAMA 中国分会翻译组译 . DAMA 数据管理知识体系指南（原书第 2 版）［M］.北京：机械工业出版社，2020.

| 第 5 章 |

企业基础数据分类

5.1　分类是最基础的管理，是认识事物最有效的方法

分类是人类认知事物的基本方法之一。人类在征服大自然的过程中，先通过各种对比来认知事物，然后把事物之间的差异和相似之处进行总结，给相似的一类事物贴上一个标签，这就是分类的最初方式。

分类就是按照事物的性质、特点、用途等作为区分的标准，将符合同一标准的事物聚类，不同的则分开的一种认识事物的方法。分类是由"分"和"类"组成，其本质就是把事物分开，归到不同的类别中并分别识别，从而获得对事物的深入认知。如果我们要对企业有更深入的认识，就要把企业分成不同的类别。"分"一定要有维度。例如，大型企业、中小型企业是按企业规模大小进行的分类；制造企业、建筑企业是按企业所属行业进行的分类。

分类的维度就是分类的标准，如一维、二维、三维等，就是从不同的角度去认识事物。事物都是多面性的，只有从不同的维度进行分类才能更全面地认识事物。分类是一个非常强大的工具，没有分类，我们对事物的认识就只能停留在表面。但要找到这个"分"的维度，就需要对事物有充分而且深刻的理解。

党的十八大以来，数字经济逐步上升为国家战略。特别是在党的十九大

报告中，提出了要推动互联网、大数据、人工智能和实体经济深度融合，进一步突出了大数据作为我国基础性战略资源的重要地位。从目前来看，中国是全球数据增长较快且拥有较多数据的国家，如何将这些数据转化成新的经济增长动力是我国下一步经济发展的主要内容。国家经济的发展是由众多微观经济主体——企业实现的，使数据转化为新的经济增长动力要从企业提供、使用数据开始，企业如何提供数据才能便于自身及其他利益相关者获取、使用数据是首要的问题。要解决这个问题就要对数据有深刻的认识。认识数据要从数据的分类开始。

企业在生存、发展过程中不仅需要使用自身的数据，还需要使用其他企业的数据，因此，提供、获取便于利用的数据至关重要，首先要对便于利用的数据进行合理的分类。

5.1.1　企业基础数据分类的含义

企业基础数据的分类是根据企业基础数据的属性或特征，将其按照一定的原则和方式进行区分和归类，以利于数据需求者更好地管理和使用企业基础数据的过程。

在企业基础数据分类的基础上对基础数据进行分级可以为企业基础数据的交易和共享提供更安全的保障措施，企业基础数据的分级管理要细致到位，形成一个有效的闭环，把数据流通作为一个有效的过程来进行管理，才能更好地保证企业基础数据的安全。

5.1.2　企业基础数据分类的目标

企业基础数据分类分级工作的核心就是要提升企业基础数据的管理能力，进而促进数据要素市场的培育。实现对企业基础数据进行全面的盘点和分类梳理，打破数据的孤岛，实现数据在公共管理部门及市场上的需求以及在企业内的有效共享和深度开发利用。因此，企业基础数据分类要实现以下几点目标。

（1）满足数据资产安全性的要求。企业应当通过分类、分级来加强数据资产的安全保护，进行分类施策。根据数据的类别不同、重要性不同进行分类管理，以利于企业对不同类别和重要性不同的数据采用不同的管理措施，可以在保证企业商业机密安全性的前提下节约企业的数据管理成本。

（2）满足数据资产规范性的要求。数据的信息化、数据的共享是数据利用的基本要求，满足数据信息化以及数据共享的要求，数据的规范性是必要的举措。数据的规范要在数据分类的基础上进行才更具有应用价值。数据分类管理是实现不同企业之间数据共享互认的基础。通过分类标识将分散的以及存储在不同系统中的数据内容进行有效匹配、互认，才能更好地实现数据的共享流通。

（3）满足数据资产管理明确责任的要求。企业基础数据组成复杂，涉及多种类型，产品信息、客户信息、经营数据等敏感数据呈游离状态分布在各个业务系统及存储载体中，其数据量大且分散、在类别与形态上随着应用场景变化也有所不同，存在敏感数据资产分布不清、权责不明、安全要求贯彻不彻底等问题。只有将数据分类清晰才能做到权责明确，更利于数据的管理。

（4）满足数据资产差异化管理的要求。不同类别的数据，其用途不同，对企业的重要性不同。为保证企业数据的安全，保证数据价值有效释放，就需要对不同类别、不同重要程度的数据进行差异化管理。

（5）满足企业内外部需求者的要求。大数据时代，激烈的市场竞争环境下，任何一个企业都需要深入了解、分析企业自身所处的环境状况。企业进行环境的大数据分析就需要获取相关企业的某些数据，而提供数据的企业并不会将其所有的数据都对外提供，这就要对数据资产进行分类，确定哪些可以对外提供哪些不可以。同样，任何一个企业从外部获取的数据都要合理分类才便于利用。企业无论是对外提供的数据还是从外部获取的数据都要求合理分类才能满足需要。

5.1.3　企业基础数据分类的原则

企业基础数据的分类是以实现数据交易及数据共享为目标，为了科学、有效地对数据进行组织管理，企业基础数据的分类要从数据本身的内容属性出发，在充分调研现有的各分类方法与行业领域学科专用分类方法的基础上，结合前沿的信息技术方法设计分类体系。分类体系在总体上要具有强大的概括性和包容性，能够涵盖各学科和各行业领域已经产生的和将来可能产生的数据。分类在反映数据的内容属性和数据间的相互关系上保持相对的完整性。

（1）主题性原则。主题性原则是企业基础数据分类的基本原则。数据分类中的每一个类别都是从一个特定的侧面反映企业的数据，才能更深入地认识企业基础数据以便更好地利用和管理。

（2）稳定性原则。企业基础数据分类的稳定性是数据分类类目的稳定性，是企业基础数据分类编码的基础，特别是大类的稳定性尤为重要。保证企业基础数据类目的稳定性就必须使用稳定的因素作为类目划分的标准，同时，提高类目的可延展性或兼容性也是提高类目稳定性的措施之一。

（3）发展性原则。为保证分类编码标准的稳定性，设置类目时应以发展的眼光，有预见性地编列类目并且留出未来需要扩展的余地。这就要求分类编码编制时，应充分参考各行业各部门的数据并结合一些新学科的发展趋势以及由此对数据产生影响的情况进行类目的设置。

（4）清晰性原则。清晰性原则是企业基础数据，分类类目的命名要清晰，类目命名所使用的词汇能确切表达类目的实际内容范围，内涵、外延清楚，在表达相同的概念时做到语词的一致性，在不影响类目含义表达的情况下，保证用语的简洁，每个类目都要有专指的检索意义。同位类目互相排斥，即它们之间应界限分明、非此即彼，这对分类标引和检索都是必要的。当类目名称不能明确各自的界限时，可用注释来加以明确。

清晰的原则还体现在基础数据分类类目列示层次上，企业基础数据类目体系结构中从高到低，从总到分，类目的层层划分、层层隶属要有严密的秩序。

（5）完整性原则。企业基础数据分类类目的设置要有"其他"类，确保某一类别的数据不好确定类目时归入"其他"类中。线分类法中，由一个上位类划分出来的一组下位类的外延之和应该等于上位类的外延，以保证类、列的完整。当不可能全面列举或无须全面列举所有类目时，一般在类、列的最后编制"其他"类，用以容纳尚未列举的内容，以保证分类能涵盖全部内容且不同类别不交叉、不重复。

5.2　企业基础数据分类的方法

5.2.1　线分类法

线分类法是将分类对象（即被划分的事物或概念）按所选定的若干个属性或特征逐次地分成相应的若干个层级的类目，并排成一个有层次的、逐渐展开的分类体系。在这个分类体系中，被划分的类目，称为上位类，划分出的类目，称为下位类，由一个类目直接划分出来的下一级各类目，彼此称为同位类。同位类类目之间存在着并列关系，下位类与上位类类目之间存在着隶属关系。

线分类法要求，由某一上位类划分出的下位类类目的总范围应与该上位类类目的范围相等。当某一个上位类类目划分成若干个下位类类目时，应选择同一种划分基准。同位类类目之间不交叉、不重复，并只对应于一个上位类。分类要依次进行，不应有空层或加层。

5.2.2　面分类法

面分类法是将所选定的分类对象的若干属性或特征视为若干个"面"，每个"面"中又可分成彼此独立的若干个类目。使用时，可根据需要将这些"面"中的类目组合在一起，形成一个复合类目。

面分类法要求，根据需要选择分类对象本质的属性或特征作为分类对象的各个"面"；不同"面"内的类目不应相互交叉，也不能重复出现；每个"面"有严格的固定位置；"面"的选择以及位置的确定，根据实际需要而定。

5.2.3　混合分类法

混合分类法是将线分类法和面分类法组合使用，以其中一种分类为主，另一种作为补充的数据分类方法。

企业基础数据的分类会从不同角度进行，以便更深入地理解、运用企业基础数据。因此，企业基础数据的分类方法有的是按线分类法，有的是按面分类法，还有的是按混合分类法。

本书从不同角度分类，针对企业基础数据的不同特点，采用不同的分类方法。从对企业影响的角度分类，采用混合分类法；从数据在企业经营管理中的作用分类，采用线分类法。这也遵循了 MECE 分类中矩阵法和流程法的分类方法。

5.3　企业基础数据分类的标志与内容

5.3.1　根据企业基础数据在企业经营管理中的作用分类

根据企业基础数据在企业经营管理中的作用可将其分为基础型数据和事务型数据。[①]

（1）基础型数据是指开展业务活动所需要的基础数据，以制造企业为例，如产品生产所需要的原材料、产品的生产流程、客户资料、供应商的资料等。基础型数据的特点是它在数据的整个生命周期中相对来说保持不变，同时它是事务型数据的基础。企业所有人员都通过调用同一基础型数据来保持该数据在整个系统中的唯一性。

（2）事务型数据是指业务发生时产生的事务处理信息，如产品的订单、企业的生产计划、企业的采购计划、原材料的入库、完工产品入库等。事务

---

① 于玉林. 广义会计学［M］. 北京：经济科学出版社，2006.

型数据直接提供给作业人员进行作业。

5.3.2　根据企业业务流程对企业的基础数据分类

根据企业基础数据形成在企业业务流程的不同阶段，可将企业基础数据分为供应数据、生产数据、销售数据、经营成果及分配数据。本书以制造企业为例。

（1）供应数据是指使企业形成生产能力的相关数据，如资金的获得、生产设备的获得、原材料的获得等。

（2）生产数据是指在既定的生产条件下开展生产活动的数据，如领用原材料、生产加工产品等。

（3）销售数据是指对企业生产完工的产品进行销售活动的数据，如客户数据、销售数量、销售价格等。

（4）经营成果及分配数据是指企业产品生产销售后形成的利润及利润分配情况的数据，如主营业务利润、利润总额、净利润、提取盈余公积的金额、应付投资者利润的金额等。

5.3.3　根据企业基础数据在管理中的应用分类

根据企业基础数据在企业管理中的应用可将其分为主数据、指标分析数据、业务数据、实时数据。

（1）主数据是指企业内部系统间共用的核心实体类数据，是在业务发生过程中相对静止不变的数据，如企业各类人员的构成、企业内部的部门设置、企业的客户、企业生产所需的材料和设备等。[①]

（2）指标分析数据是衡量企业生产绩效的评价指标，是企业生产运营工作的量化反映，是企业进行生产经营管理以及对生产经营绩效评价的重要依据。分为生产类指标和经营类指标。生产类指标如产量、销量等；经营类指

---

① 逯晶晶. 大型企业物料主数据管理研究及应用 [D]. 兰州：兰州大学，2016.

标如原材料的耗用、生产经营资金的收支、人员绩效考核等。

（3）业务数据是描述企业业务运营过程中的内部和外部事件、交易记录等事务型数据，如企业的生产计划、原材料采购的信息、产品销售的信息等。

（4）实时数据是生产现场生产各环节、场所和设备的实时监控和监测仪器仪表采集到的数据，如设备运行控制和状态、设备运行监控、材料消耗检测、环境监测数据等，是动态的数据。

5.3.4 根据企业基础数据提供方式分类

根据企业基础数据提供的方式将其分为政府配置数据和市场配置数据。

（1）政府配置数据是指政府以法律法规、相关制度的规定要求企业向社会公开的各类数据。

（2）市场配置数据是指企业为了获取经济利益或是为了适应市场的需求通过有偿的形式以不损害自身经济利益的形式向市场提供的企业的基础数据。

5.3.5 根据企业基础数据形成情况分类

根据企业基础数据形成情况将其分为两个层次：第一层次，根据企业数据对企业影响情况将其分为企业基本情况数据、对企业产生影响的内部因素的数据、对企业产生影响的外部因素的数据以及企业经营活动的数据。第二层次是对第一层次数据的进一步分类。

（1）企业基本情况数据包括：可对外公开的数据，如法人、股东、高管、经营范围成立时间等；内部使用的数据如：人员的具体分类、企业的核心技术等。

（2）对企业产生影响的内部因素的数据主要是指企业生产经营过程中的相关因素，如人员的技术水平、生产条件（设备老化程度）、人员团队、人员年龄梯队（不同部门）、企业管理政策等。

（3）对企业产生影响的外部因素的数据是指企业从外部获取的数据，包括：对企业有直接影响的数据，主要指对企业的成本、利润、投资、融资产生直接影响的数据，如市场上融资的资金成本、市场上原材料的供求状况及价格、市场上产品的需求状况等；对企业有间接影响的数据，主要是对企业的成本、利润、投资、融资产生间接影响的数据，如企业供应商的经营状况、企业客户的经营状况、企业客户的资信情况等。

（4）企业经营活动的数据是从资金运动角度对企业经营活动各环节进行分类的数据，按财务管理环节分类的数据包括筹资活动数据、投资活动数据、运营活动数据、利润形成及分配活动数据；按管理会计的责任中心分类的数据包括收入数据、成本数据、利润数据、投资融资数据。

从不同角度对企业基础数据分类，可以从不同侧面去分析、利用数据为企业的经营、管理、决策提供依据。但企业数据的标准化要求在企业内部、产业内部甚至是整个社会有一个统一的标准，以便企业内外部的数据需求者对数据的利用以及大数据加工平台对数据的利用。因此，企业基础数据的标准化只能从一个全面的角度去进行规范。本书选定从企业基础数据形成情况角度对企业基础数据进行标准化。

| 第6章 |

企业基础数据管理的核心方式

随着大数据时代的到来，数据成了企业重要的资产，数据资产的管理技术作为数据战略的基础能力，在数据资产与社会生产生活日益融合、释放价值的过程中，不断丰富内涵、革新发展，转变传统数据管理推动数据标准化、提升数据质量水平等极为迫切。

大数据时代，企业的数据不仅企业自身在经营管理中需要，其他组织和个人也需要。企业内部资源共享是企业内部各部门协同合作的前提，资源共享要通过系统集成实现，① 而系统集成的实现又依赖于数据的标准化。由此可见，数据标准化是信息系统集成和数据共享的重要前提。对于企业外部的信息需求者，其更多的是利用同类企业的相同或同类的数据进行分析、利用，因此，同行业企业数据标准化是企业外部信息使用者利用企业数据的前提和基础。

企业在数据管理中，根据数据的不同类别分别进行标准化，这会引起企业内部不同部门在数据使用过程中的标准差异，阻碍数据在不同部门中的获取及分析利用。企业的基础数据根据不同类别分别进行标准化会导致企业外部数据需求者利用企业基础数据进行大数据分析以及进行企业经营决策时形成障碍。因此，数据标准化要在整个企业、整个行业用相同的标准进行，甚

---

① 徐顺福，倪庆旭. 成品油销售企业计量管控平台设计 [J]. 工业计量，2020 (5)：96 – 99.

至要与国际标准趋同，以适应经济的全球化。

本书依据企业财务管理环节融入管理会计的思想从企业基础数据形成情况角度分类对企业基础数据进行标准化。

6.1　标准化是数据管理的必然趋势

6.1.1　企业基础数据标准化的含义

按照国际标准化组织（International Organization for Standardization，ISO）的定义，标准是为了在一定范围内获得最佳秩序，经协商一致制定并由公认机构批准，共同使用和重复使用的一种规范性文件。

企业的标准是为了解决产品设计、生产过程中出现的某一具体问题而确立的解决方案。企业标准有两项基本功能：第一是企业进行技术积累和存档的一种方式；第二是当一项企业标准需要在某一产品中实施的时候，它即成为企业中的一项强制执行的技术指令。

企业基础数据标准化，就是对企业的基础数据制定共同使用和重复使用的条款，并使其达到标准化状态的全部活动及其过程，包括制定、发布和实施。标准化的主要表现形式就是对企业的基础数据进行规范编码。此外，运用简化、统一化、系列化、通用化、组合化等标准化形式和方法来规范标准化对象，也是标准化活动内容的一个组成部分。

本书中数据标准化建设工作方法参考国际、国内和行业相关标准、规范和最佳实践，以财务管理各环节资金运动产生的企业基础数据为主线，开展数据标准化体系设计和建设工作。

6.1.2　企业基础数据标准化的必要性

6.1.2.1　标准化是企业信息化的基础和前提

工业化时代，美国的科学管理之父泰勒就运用了标准化的选优原理管理企业。当时，美国各企业都看到标准化的显著经济效益，对标准化极为重视，事事追求标准化，标准成了企业的法律。现代企业建立信息化的过程实质上是企业全面标准化管理的过程。从企业的产品设计、生产经营到物资设备都有标准，企业的完全标准化、企业的信息化才具有21世纪的先进性，易于扩充和升级，并具有安全性，保证数据运行安全可靠。

6.1.2.2　标准化使企业信息化更具有整体性和科学性

现代企业建立信息管理系统是一项综合性的工程，改变了那种办事无规范、无标准以及管理不讲科学的主观随意性。它摒弃了凭经验靠估计的手工业作坊式管理习惯以及片面强调管理部门垂直分工、各自为政，缺乏横向协调联系的管理方式，追求一切凭数据说话，按科学办事，实现了科学管理。企业信息管理系统，根据企业营运职能，可分为若干子系统，在统一技术标准下，建立整体化的企业管理信息系统以达到人机和谐的工作环境。

企业信息化是管理与技术的完美结合，要达到这理想境界，企业的管理部门和信息技术部门应该高度融合，以现代管理理论为基础，以信息技术为工具，根据企业的方针和目标，把握企业经营过程，建造企业信息网络，要实现这个目标，企业基础数据标准化是基础。

6.2　企业基础数据标准化的目标

（1）保证企业内部数据对象具有明确的所有权与属性定义，保证企业信息系统共享数据的一致，保证企业数据质量与数据安全的有效控制。

（2）满足企业信息化建设对数据统一性、标准性和扩展性的需要，保障和促进数据资产价值挖掘和数据管理工作的常态化开展。

（3）促进和实现信息化系统整合、数据共享、数据库建设以及数据分析的基础，同时也是一个长期和不断积累、不断完善的过程。

6.3　企业基础数据标准化的原则

企业基础数据的标准化应在企业基础数据产生时按规定的原则进行，在后续的任何环节都不能改变其标准化分类及编码。通过编码就能判断出数据产生的环节或者说是属于哪类数据。

为确保数据标准化与企业业务发展方向和信息化建设的一致性，保障企业降本增效，数据标准化建设遵循以下几点原则。

（1）全面性，通过对企业生产经营活动全部业务领域的数据进行梳理，选定角度进行统一的标准化，促进企业数据管理和数据应用方面能力的提升。

（2）前瞻性，结合企业战略发展需要和生产降本增效的目标，充分借鉴国内外同业的先进实践经验，力争数据标准化具备一定的前瞻性，满足企业未来生产管理信息化建设和数据资产发展的需要。

（3）可执行性，在对企业生产经营全部业务内容及数据现状深入调研和分析的基础上，充分考虑企业经营管理和相关系统建设的需求，确保数据标准化切实可行。

6.4　企业基础数据标准化的内容

数据标准化主要包括数据分类标准、数据编码标准。数据分类标准用于满足各层级的管控和统计需求。数据编码标准用于满足统一规则的编码方式。在此基础上才能实现。

（1）数据元素标准化。数据元素是数据处理的最小单位，数据元素标准化是数据规范化的基础。需要在企业数据库建立之前对数据进行分解，例如，企业要建立一个产品销售数据库，将这个数据库分解，就可以得到一个客户数据表；将客户数据表分解，就得到客户名称、性别、电话、地区、所属企业、信用评级等基本元素，这些元素就是构建起企业数据库的基础。数据元素标准化需要一个规范的说明表，用来规定数据元素的命名方式，规定其内涵及外延，阐述数据元素的作用及表现方式等。规范说明表就是对企业数据进行定位，能够减少数据元素的种类，降低企业数据的复杂性和出错概率。

（2）数据库结构标准化。如果说数据元素是货物，那么数据库就是存储货物的柜子，而数据库结构标准化就是定义数据库这个柜子里抽屉的布局。数据库结构直接影响到企业数据的权限管理、数据库的兼容性与性能、数据管理及再挖掘的便利性等。数据库结构的标准化带来的直接好处就是企业数据库性能的提高，增强数据库的可靠性，减少出错概率，这样就极大地减少了冗余数据。另外，实现良好的数据库兼容性，容易迁移和升级，在改造数据库或关联其他数据库时的优势尤为明显。

（3）数据存储标准化。在企业数据电子化趋势加快的今天，企业数据存储除了要求分类标准化外，还具有了一些新的要求，即编码标准化。

（4）输入输出标准化。数据的输入输出标准化是为了保证数据的可读性，便于数据的利用。

数据标准化达到了以上的标准才能保证企业的基础数据满足对内对外提供数据的需求。

6.4.1　企业所属行业类别的标准化

企业基础数据分类的标准化包括企业所属行业类别的标准化和企业基础数据分类的标准化。[①]

企业所属行业类别的标准化便于企业外部数据需求者利用大数据技术进行分析。参照《国民经济行业分类与代码》，首先对企业进行所属行业类别分类。《国民经济行业分类与代码》中将国民经济行业分成20个门类，用大写英文字母来表示；96个大类用阿拉伯数字表示；在大类下进行中类分类，

---

① 工业和信息部办公厅. 工业数据分类分级指南（试行）［EB/OL］. http：//www.cac.gov.cn/2020－03/08/c_1585210563153197.htm.

用 3 位数的阿拉伯数字表示；中类下是企业所属的具体类别，根据目前的情况采用 4 位数的阿拉伯数字表示。随着经济的发展如果分类需要进一步细化，可以根据实际情况进行位数的添加以满足需要。

6.4.1.1 码位的设计

企业所属行业分类代码设计采用线分类法按门类、大类、中类和小类的从属关系顺序编码。码位结构设计的门类是 1 位的英文字母码，大类是 2 位的阿拉伯数字码，中类是 3 位的阿拉伯数字码，小类是 4 位的阿拉伯数字码。

6.4.1.2 编码规则

（1）整体编码是数字字母混合码。采用数字码的递增顺序码"01"开始，如"01，02，…"；系列顺序码从"100"开始，如"100，101，102；200，201，202"。

（2）如果在一个类目下，没有分出更详细的子类目，则总代码用阿拉伯数字"0"补齐位数。

（3）大类、中类和小类中的"其他"类编码定为"99""999""9999"以满足代码扩充的需要。

6.4.2 企业基础数据分类标准化

企业的基础数据除了国家规定的必须公开的数据之外，最终要在企业利益不受侵害的前提下进行对外提供，便于大数据信息的形成和企业内部管理的需求。对企业基础数据进行分类的标准化便于企业内外部的数据需求者获取数据信息。本书企业基础数据分类以制造企业为例展开讨论。

根据企业基础数据的产生及其在企业活动中的作用将企业基础数据分为两个层次：第一层次包括企业基本情况数据、企业内部环境影响因素数据、企业外部环境影响因素数据、企业经营活动的数据。第二层次是第一层次内容的具体构成。

6.4.2.1 企业基本情况数据

企业基本情况数据主要包括以下方面。

（1）企业名称、法人代表、股东、股东持股比例、企业高管、品牌、产品、联系地址、经营范围、所在省市、所属行业、成立日期。

（2）注册资本：100万元以内，100万～500万元，500万～1000万元，1000万～3000万元，3000万～5000万元，5000万元以上，自定义金额。

（3）登记状态：在业/存续、筹建、迁入、迁出、清算、停业。

（4）企业类型：有限责任公司、股份有限公司、股份合作公司、国有企业、集体所有制企业、个体工商户、独资企业、有限合伙、普通合伙、外商投资企业、港澳台商投资企业、联营企业、私营企业。

（5）组织机构：股东会、董事会、监事会。

（6）资本类型：人民币、美元、其他。

6.4.2.2 企业内部环境因素数据

企业内部环境因素数据主要包括以下方面。

（1）企业的筹资环境是指影响企业能否低成本获得足够资金的能力，包括筹资规模、筹资成本、筹资能力、筹资方式、投资者关系等。

（2）企业供应环境是指影响企业能以低成本获得生产条件的能力，包括：人员的技术水平、人员的年龄结构等；原材料赊购期限、原材料采购成本、仓储成本；生产设备获取情况：购买、租赁等。

（3）企业生产环境是指影响企业生产能力的因素，包括企业人员构成、技术中心、研发中心、质量体系（管控手段、培训中心、生产能力、先进设备）等。

（4）企业销售环境是指影响企业销售能力的因素，包括销售机构设置情况、销售人员的激励情况、销售渠道、目标市场定位、营销网络等。

（5）管理者的理念是指影响企业人文环境的因素，包括党建经营、媒体报道、声明公告、人才招聘、品牌、企业文化、企业荣誉、企业动态、党群工作、产品展示、服务体系、服务承诺、服务业务、服务网络、顾客满意度等。

6.4.2.3　企业外部环境因素数据

企业外部环境因素是指影响企业生存、发展的企业外部的因素，主要包括市场供求状况、国家的政策、行业竞争状况、相关产业的需求变化等。

6.4.2.4　企业经营活动数据

企业经营活动的数据是指企业在经营活动的过程中发生的交易行为的数据，按财务管理环节分类，包括筹资活动数据、投资活动数据、营运活动数据、利润及分配活动数据。

6.4.3　企业基础数据编码标准化

6.4.3.1　编码的基本原则

（1）唯一性。尽管编码对象可能有不同的名称或不同的描述，但代码结构必须保证一个编码对象仅赋予一个代码，一个代码只反映一个编码对象，即一个分类代码必须与指定的类目一一对应。

（2）可扩性。代码结构必须能适应编码对象不断增加的需要，也就是说，必须为新的编码对象留有足够的备用码，从而使分类集可以进行必要的修订和补充。

（3）简洁性。在不影响代码系统的容量和可扩性的情况下，代码位数应尽可能少，以减少差错率，减少计算机处理的时间和存储空间。

（4）稳定性。代码不宜频繁变动，否则将造成人、财、物的浪费。编码时应考虑其变化的可能性，尽可能保持代码系统的相对稳定性。

（5）识别性。代码含义界定明确，以利于记忆并便于了解和使用。

（6）可操作性。代码应尽可能方便相关工作人员和操作员的工作，减少机器处理时间。

（7）自检性。代码具有检验差错的自身核对性能，以适应机器的处理。

上述原则中，有些原则彼此之间是互相冲突的。例如，一个编码结构为了具有一定的可扩充性就要留有足够的备用码，而留有足够的备用码在一定程度上就要牺牲代码的简洁性，代码的含义要强，那么代码的简洁性就必然要受到一定的负面影响。因此，设计代码时必须综合考虑以求代码设计最优化的结果。

6.4.3.2　企业基础数据的编码方法

企业基础数据编码根据基础数据的特征以及满足需要的标准选取适当的方法进行编码，编码的主要方法如下。

（1）顺序码。在一个有序的字母、数字或者字母加数字的集合中，顺序地为编码对象分配编码。顺序码，包括三种类型：递增顺序码、系列顺序码和约定顺序码。

递增顺序码：按照预先定义的字母或者数字递增步长顺序增加。

系列顺序码：首先划分编码对象类别，其次确定各个类别的代码范围，最后顺序地赋予编码对象在各自类别编码范围内的代码值。

约定顺序码：首先将编码对象本身按照某种顺序（缩写字母顺序或事件、活动的年代顺序等）进行排列，其次再将有序的代码值（字母或数字顺序）与其排列顺序进行一一对应，从而得到编码对象的代码值。这种编码的前提是所有的编码对象都预先已知并且编码对象集合不会扩展。该编码不是完整意义上的顺序码。

（2）无序码。无序码是对编码对象用无序的字母或自然数进行编码，该编码无规律可循，通常由计算机随机给出，通常作为复合码的一部分而使用。

（3）缩写码。缩写码是将编码对象的名称（英文或者中文拼音）进行缩写，编码的形成是取名称中的一个或多个字符（如首字母）。缩写码适用于编码对象是相对稳定的且被人们所熟知的有限标识代码集。

（4）层次码。该编码方式以线分类为基础，下位类包含在上位类中，层次码的编码基础是编码对象各层级间特性的差异，将编码对象编成连续递增的复合代码。

（5）矩阵码。这种编码方式以矩阵表（复式记录表）为基础，编码对象的代码是矩阵表中行值和列值的组合，这样不同的编码对象对应一样的行（或列）会有若干相同的特性。矩阵码对编码对象的要求是具有良好的结构和稳定性，如汉字编码字符集。

（6）并置码。这种编码实质上是将编码对象的特性代码段组合而成的复合代码。这些特性代码描述编码对象相互独立的特性，可以是无序码、缩写码、顺序码等任意编码类型。面分类法常使用此编码结构。

（7）组合码。该码由一些具有层次关系或相互依赖关系的特性所表示的代码段组合而成，如我国居民身份证号码编码就采用该编码方式。

本书中的企业基础数据编码主要用到了递增顺序码、系列顺序码和缩写码。

6.5 企业基础数据标准化的管理

6.5.1 企业基础数据标准化的管理制度

为加强编码标准化及编码使用过程中的统一管理，确保企业基础数据对内对外提供的一致性，应建立起相关的管理制度。

（1）编码手册制度。《企业基础数据编码手册》是企业基础数据的编码大纲，所有与之相关的编码均应以此为依据。企业基础数据编码手册由企业数据管理部中的数据标准化管理中心负责编撰和升级，数据质量管理中心负责审批。

（2）编码维护制度。设立企业基础数据"编码管理岗"，统筹全企业的基础数据编码管理业务。指定专门的编码负责人，人员名单在数据质量管理中心备案。由企业基础数据编码管理岗人员负责编码的增加、修改、停用/封存、分配等操作。其他任何人不准对编码进行增加、删除、修改、停用/封存、分配等操作。企业基础数据编码管理岗人员负责操作的编码包括以下范围：企业基本情况、企业内部环境因素、企业外部环境因素、企业经营活动等。

（3）编码增加制度。当发生新业务，可能出现新编码时（如新增客户、新产品、新供物料、新增部门、新进人员等），各责任单位应先行到企业数据管理系统中查询，确保系统中没有该编码，再及时收集该编码相关属性，并按规定的格式向企业数据管理部书面申报，由企业数据管理部审核并完善后，安排编码管理岗录入到企业数据管理系统中。各责任单位应仔细核对编码手册和企业数据管理系统中的编码档案，确保没有重复申报。

（4）编码修改制度。当编码属性出现变化时，各使用单位应及时书面通知企业数据管理部，企业数据管理部审核后，安排编码管理岗人员到企业数据管理系统中进行修改。

（5）编码停用/封存制度。当需要停用/封存编码时，各使用单位应及时书面通知企业数据管理部，企业数据管理部审核后，安排编码管理岗人员到企业数据管理系统中进行修改/停用。

（6）编码检查制度。企业基础数据编码管理岗的人员应定期对系统中的编码进行检查，对编码有误（不符合编码手册标准）的进行修改，对重码进行清理。

（7）编码备份制度。企业基础数据编码管理岗的人员应定期对系统中的各项编码进行备份，以保证企业基础数据的安全。

（8）编码保密制度。各类编码都是企业内部重要的基础信息资源，任何单位和个人不得以任何方式对外泄露，如因工作需要，确需部分提供的，必须经企业数据管理部批准。

6.5.2 企业基础数据标准化的考核制度

只有编码规范，才能保证企业内外部基础数据的使用者正确使用企业的基础数据，避免造成数据误用等影响企业内外部使用者进行决策的情况发生。因此，企业基础数据标准化的考核十分重要。企业数据管理部负责编码相关的考核工作，每月底交数据质量管理中心执行。主要应做好以下工作。

（1）编码手册制度的考核。考核录入系统的编码符合编码手册的要求、企业基础数据的编码手册是否及时升级。

（2）编码维护制度的考核。考核企业是否形成了编码的日常维护制度，对编码的增加、修改、停用/封存、分配及日常检查是否按要求执行。

（3）编码申报制度的考核。考核企业各部门申报新编码前，是否仔细查询企业基础数据编码手册，确保申报的是未经过编码的基础数据；企业各部门在申报新编码前，是否仔细核实编码的各个属性以及信息是否准确、完整、没有遗漏。

（4）编码安全制度的考核。考核企业基础数据的编码是否定期、及时备份；企业基础数据编码保密制度是否完善，是否能保证企业基础数据编码的安全。

第 7 章

企业核心、静态、实体类数据的管理

企业基础数据的管理需要多维立体化的管理才能满足企业内外部数据需求者的需要，多维立体化的管理是在对企业基础数据系统管理的基础上，针对不同类别不同特点的数据要有不同的管理方法。

在任何企业中，都存在一些需要跨业务领域、跨流程和跨系统使用的数据。而在企业逐步信息化的进程中，这些数据存在于多套在本质上作用相同的系统中，它们相互隔离，无法沟通，不可避免地导致了系统间数据的分类和数据名称等不一致，从而增加了成本和风险。如果这些数据实现了共享，所有的业务部门就都可以访问相同的数据，既节省了数据提供的成本，也便于企业内外部数据需求者获取及使用数据。因此，对这类数据进行单独管理以适应企业内外部数据需求者的需要非常必要。这类数据属于企业核心，静态、实体类数据被界定为主数据。

7.1 主数据管理的含义

7.1.1 主数据的含义

主数据是指企业中基础的、具有高价值的、被多个部门共用的核心实体类数据。这类数据不是衍生的数据，会被多个系统共享，一般存在时间比较长，比较稳定，变动频率较低，如人员、组织、客户、物资、设备、资产和位置以及部分交易数据等。主数据是在整个企业范围内各个系统间需要共享的数据，因此，主数据需要在整个企业范围内保持一致性、完整性、可控性，为了达成这一目标，就需要进行主数据管理。在管理良好的情况下，主数据代表与关键业务实体有关的、权威的、最准确的数据，是可信的，可以放心使用。

需要注意的是主数据不是企业内所有的业务数据，只是有必要在各个系统间共享的数据，是企业内能够跨业务重复使用的高价值的数据。因此，主数据是需要通过使用一套定义好的规则和预期来创建、获取并维护的数据。

一般企业的主数据包括下列事物的数据。

（1）参与方，与企业开展经营活动有关联的对象，如客户、供应商、代理商、商业伙伴、竞争者、雇员等。

（2）产品和服务。包括内部和外部的产品及服务等。

（3）财务体系。如合同、账簿、成本中心、利润中心等。

（4）位置信息，如地址和全球卫星定位等。

7.1.2 主数据管理的含义

大多数企业在信息化的过程中不是一蹴而就的，而是逐步地、部分地不断完善，因此，就形成了不同的应用系统。不同的应用系统会对企业相同的数据赋予不同的名称等，导致企业内一些相对不变、使用频次高、各系统都需要的数据不能共享。

主数据管理是使企业能够有效地管理存储在企业内部不同系统中的需要共享的数据。主数据管理是维持企业现有的系统，从这些系统中获取最新信息，并提供了先进的技术和流程，用于自动、准确、及时地分发和分析整个企业中的数据，并对数据进行验证。主数据管理只有做到对主数据分类和命名的规范化，才能保证在系统间实现对核心业务实体最准确、最及时的数据的一致使用。主数据管理的宗旨就是在低成本、低风险的情况下实现共享。

7.1.3　主数据的分类

DAMA 数据管理知识体系指南（DAMA 国际，2020）中对主数据按其性质及作用分为以下几类。

7.1.3.1　参与方主数据

参与方是关于个人、企业以及他们在业务关系中所扮演角色的数据。在商业环境中各类参与方包括客户、雇员、供应商、合作伙伴和竞争对手等。在公共部门中参与方通常指公民；在非营利组织中重点是会员和捐赠者等。

专门的主数据管理系统对个人、企业及其角色、员工和供应商提供完整且准确的信息，识别重复、多余、相互矛盾的数据，这个过程需要严谨的规则，同时还要了解这些数据的来源、结构、细化程度、与其他数据的关系以及数据质量等。无论什么行业，管理业务参与方主数据均面临一定的挑战。主要包括以下几点。

（1）个人和企业扮演的角色和他们之间关系的复杂性。

（2）唯一标识的困难。

（3）数据源的数量和它们之间的差异。

（4）数据重要性的界定。

（5）数据需求者获取数据的期望。

主数据对于在企业中扮演多重角色的参与方（如既是客户又是雇员）以及使用不同接触点或接触方法（如通过与社交媒体网站绑定的移动设备应用程序的交互）的参与方来说极具挑战性。

7.1.3.2　财务主数据

财务主数据包括有关业务部门、成本中心、利润中心、总账账户、预算、计划和项目的数据。

财务主数据管理解决方案不仅包括创建、维护和共享信息，还可以模拟现有财务数据的变化如何影响公司的基线。财务主数据模拟通常是商务智能报告、分析和规划模块以及更直观的预算和计划的一部分。通过这些应用程序，可以对不同财务结构的版本进行建模，以了解潜在的财务影响。一旦做出决定，达成一致的结构变化应能够分发给所有相关的系统。

7.1.3.3　法律主数据

法律主数据包括关于合同、法规和其他法律事务的数据。法律主数据允许对提供相同产品或服务的不同实体的合同进行分析，以便更好地协商谈判，或将这些合同合并到主协议中。

7.1.3.4　产品主数据

产品主数据是指企业的内部产品和服务以及全行业的产品和服务（包括竞争对手）。不同类型的产品主数据支持不同的业务功能。

（1）产品生命周期管理系统侧重于从构想、开发、制造、销售、交付、服务和废弃等方面管理产品或服务的生命周期。企业通过实施产品生命周期管理系统以加快产品的上市。在产品开发周期长的行业，产品生命周期管理系统使企业能够跟踪跨过程的成本和法律协议，因为产品的构想从最开始的想法发展到潜在产品的过程会变换名称，还可能会依据不同的许可协议等。

（2）产品数据管理系统通过捕获和实现对设计文档、配方、标准操作程序和物料清单等产品信息的安全共享，以支持工程和制造功能。

（3）企业资源规划系统的产品数据主要关注产品的库存，以支持从订单录入到库存阶段，通过多种技术识别各种独立的产品。

（4）制造执行系统中的产品数据主要关注原材料库存、半成品和成品，其中成品与可以通过 ERP 系统来存储和订购的产品相关联。这些数据在整个供应链和物流系统中也很重要。

（5）客户关系管理系统支持营销、销售和交互支持，系统中的产品数据可以包括产品系列和品牌、销售代表协会、客户区域管理以及营销活动等。

7.1.3.5　位置主数据

位置主数据具备提供跟踪和共享地理信息的能力，并根据地理信息创建层次关系或地图。位置参考数据和位置主数据之间的区别模糊了位置数据。区别主要表现如下。

（1）位置参考数据通常包括行政区域数据，如国家、省、市、县或镇、邮政编码，以及地理位置坐标，如纬度、经度和海拔高度。这些数据很少更改，如有需要一般会由外部组织进行更改。位置参考数据也要能包括组织定义的地理区域和销售区域。

（2）位置主数据包括业务方地址和位置，以及企业拥有的设备的地址和位置。随着企业的发展或收缩，这些地址的变化频率要高于其他的位置参考数据。

不同的行业需要一些专门的地球科学数据（关于地震断层、洪泛平原、土壤、年降雨量和恶劣天气风险区域的地理数据）和相关的社会数据（人口、种族、收入等），这些数据通常由外部来源提供。

7.1.3.6　行业主数据

行业主数据是主数据实体（公司、人员、产品）的权威清单，企业可以购买和使用主数据实体作为交易的基础。虽然行业主数据是由外部组织创建的，但管理并协调妥善的信息版本是在企业自己的系统中进行维护的。

行业主数据可以通过以下方式帮助用户更好地使用主数据。

（1）为新记录的匹配和连接提供起始点。例如，当有 3 个数据源时，可以将每个数据源与目录对比（3 个对比点），还可以对这 3 个数据源进行相互对比（6 个对比点）。

（2）提供在记录创建时可能较难获得的其他数据元素（例如，对企业来说，可能包括他在产业分类体系下的产业分类编码）。

（3）当企业的记录与行业主数据匹配、协调时，可信记录将偏离行业主数据，并且可追溯到其他源记录、贡献属性和转换规则。

企业应根据不同类别主数据的性质及其所能发挥的作用进行主数据管理，才能更好地实现主数据的管理目标。

7.2　主数据管理的目标及作用

7.2.1　主数据管理的目标

（1）确保企业在各个流程中都拥有完整、一致、最新且权威的主数据。

（2）促使企业在各业务单元和各应用系统之间共享主数据。

（3）通过采用标准的、通用的数据模型和整合模式，降低数据使用和数据整合的成本及复杂性。

7.2.2　主数据管理的作用

（1）满足企业数据的需求。企业中的多个业务领域需要访问相同的数据集，并且他们都相信这些数据集是完整的、最新的、一致的。主数据通常是这些数据集的基础（例如，要想确定一个分析是否需要包含所有产品的数据，就要先对产品有一个统一的定义）。

（2）保证管理数据质量的需求。数据的不一致、质量问题和差异均会导致决策错误或丧失机会。主数据管理通过使用统一的标识来定义对企业至关重要的实体数据，以降低这些风险。

（3）降低数据集成成本的需求。在没有主数据的情况下，将新数据源集成到一个已经很复杂的环境中成本会更高，主数据管理减少了因对关键实体的定义和识别方式的变化而产生的额外成本。

（4）满足降低企业风险的需求。主数据管理简化了数据共享架构，从而降低了与复杂环境相关的成本和风险。

7.3　主数据管理的内容

7.3.1　主数据管理的总体内容

（1）共享数据。为了能在企业中实现主数据共享，必须把这些数据管理起来，统一规范。

（2）明确所有权。因为主数据需要在企业内部广泛共享，所以需要全局的组织管理。主数据的所有权属于整个企业，而不是属于某个应用系统或部门。

（3）保证数据质量。主数据在企业内部多部门使用，其质量影响着企业的经营及决策，需要持续地对主数据的质量进行监控和治理。

（4）明确管理职责。主数据管理专员要对控制和保证主数据的质量负责。

（5）控制规则变更。在给定的时间点，主数据的标识应该代表企业对准确和最新内容的最佳理解。改变数据标识的匹配规则，应该在有关监督下谨慎地运用。任何合并或拆分主数据的操作都应该是可追溯的。

（6）规范使用权限。主数据标识应仅从记录系统中复制。为了实现跨企业的主数据共享，需要建立一个参考数据管理系统。

任何意识到需要进行主数据管理的企业可能已经拥有一个很复杂的系统了，他们拥有了多种方法来获取和存储对客观事实的引用。这是由于系统背景的复杂性会随着时间的推移或企业合并和收购的发生而快速增长，为主数据管理系统提供数据的输入系统可能对实体本身已经有了不同的定义，并且很可能对数据质量有了不同的衡量标准。考虑到这些复杂性的存在，主数据的管理最好每次只处理主数据的一个数据域，从较少的属性入手，逐渐扩展。

7.3.2　主数据的标准化

主数据管理中标准化是基础也是关键。主数据的标准化包括主数据编码标准和主数据的集成标准。主数据编码标准化融合在企业基础数据标准化中，即利用企业基础数据的统一规范的编码。本书通过主数据存储分类来实现主数据的集成标准。

7.3.2.1 主数据标准化的步骤

（1）对主数据进行分类及类别范围界定。例如，经营主数据包括人员、组织、客户、供应商、财务科目等，生产主数据包括物资、设备、商品种类、仓库、位置、生产车间等。

（2）明确各类主数据的属性。主数据属性是对主数据进行标识、描述的信息，如人员主数据的姓名、性别、年龄、籍贯、身份证号码等，物料主数据的物料类别、物料编号、名称、计量单位等。

（3）制定主数据的编码规则。各类主数据编码都应遵循以下原则：符合企业的发展规划，满足各业务部门、各级管理的需要；编码具有唯一性；编码便于识别和记忆；编码便于分类查询、统计使用以及编码可扩展性。本书将这一内容融合在基础数据的标准化中。

（4）按照编码规则和属性标准收集整理主数据并存储。这一步也是企业进行数据标准化的重点和难点，不仅工作量大而且关系到数据标准化工作乃至下一步的数据集成和大数据综合分析利用工作的成败。需要整合各方面的人力资源团结协作。

（5）建设主数据管理系统。主数据管理系统应具备主数据实体维护、主数据整体维护、审批、主数据订阅、分发查询等功能。

7.3.2.2 主数据存储管理

主数据的集成标准是通过存储管理设置数据库来实现的。存储数据库根据主数据获取者不同而有所不同。企业内部需求者可以获取的主数据设置企业环境数据库（影响企业经营的内部因素及外部因素）；企业内外部需求者都可以获取的主数据设置企业基情况数据库等。

（1）企业环境数据库。该数据库存放影响企业经营的内部环境因素和外部环境因素。把统一编码的企业基础数据第一层次中的企业内部环境影响因素数据和企业外部环境影响因素数据存放到此数据库中。这个数据库的数据既包括企业自身产生的基础数据，也包括企业从外部获取的数据。

（2）财务状况数据库。该数据库实时反映企业的资产、负债及所有者权益的情况，满足企业经营管理决策的需要，既包括企业自身的财务状况，也包括企业从外部获取的其他企业的财务状况。该数据库中对企业自身的财务状况和其他企业的财务状况要区分子数据库分别存储。

（3）企业基本情况数据库。该数据库包括企业名称、法人代表、股东、股东持股比例、企业高管、品牌、产品、联系地址、经营范围、所在省份、所属行业等。这个数据库也要通过设置子数据库分别存储企业自身的基本情况数据和其他企业基本情况的数据。

（4）分析中心数据库。通过相应数据库中的数据进行分析，可满足企业经营管理的需求，既分析企业自身的绝对情况也要通过从其他企业获取的数据分析企业在行业中、在市场上的相对情况。例如，从供应阶段支付方式的数据可以用来分析资金占用成本；从市场占有份额分析企业在同行业中的竞争能力等。

通过主数据的管理可以消除企业内部的信息孤岛、降低企业的管理成本以及保证决策数据的质量。

7.4　主数据管理的步骤

对于新设立的企业，对主数据的管理直接进行分类、存储和统一标识、编码。但是对于已经存在多个系统的企业对主数据的管理要按步骤进行。

7.4.1　主数据管理的基本步骤

（1）识别能提供主数据实体全面视图的候选数据源。

（2）为精确匹配和合并实体、实例制定规则。

（3）建立识别和恢复未恰当匹配或合并数据的方法。

（4）建立将可信数据分发到整个企业系统的方法。

7.4.2　主数据管理的关键处理步骤

主数据管理的基本步骤中关键的处理步骤包括数据模型管理、数据采集、数据验证、标准化和数据丰富、实体解析、管理和共享。

在一个全面的主数据管理中，逻辑数据模型会在多个平台上进行物理实例化，它指导主数据管理解决方案的实施，并提供数据整合服务的基础。逻辑数据模型还应该指导如何配置应用程序，以便让数据协调及数据质量验证能力发挥作用。

7.4.2.1　数据模型管理

主数据工作揭示了清晰一致的逻辑数据定义的重要性。源系统中使用的术语和定义在该系统的范围内是有意义的，但它们在企业级系统中并不总是有意义的。对于主数据来说，在企业级使用的术语和定义应该与整个企业所进行的业务相关联，而不必依赖于源系统的数据术语及定义。

对于构成主数据的属性、定义的粒度和相关数据标识的粒度在整个企业中也必须有意义。源系统可能会呈现出相同的属性名称，但在企业级别上，数据标识处于完全不同的上下文中。类似地，多个数据库系统中可能存在不同命名的多个属性，在企业级模型中合并为单一属性，并且其数据标识处于适当的语境中。有时在单个数据源中呈现多个属性，其各自的数据标识合并组成为企业级模型定义的某一个属性数据标识。即通过数据模型管理使主数据在企业内实现规范统一。

7.4.2.2　数据采集管理

现实的企业中，即使在给定的数据源中，表示同一实体、实例的数据看起来也可能不同。其中，存在姓名、地址和电话号码信息表示的不一致性等。因此，从规划、评估和合并新的数据源到确定主数据管理解决方案，必须是一个可靠的、可重复的过程。数据采集活动包括：接收并应对新的数据源采集的要求；使用数据清理和数据分析工具进行快速、即时、匹配和高级的数据质量评估；评估数据并将数据整合的复杂性传递给请求者，以帮助他们进行成本效益分析；试点数据采集及其对匹配规则的影响；为新数据源确定数据质量指标；确定由谁负责监控和维护新数据源数据的质量；完成与整体数据管理环境的集成。

7.4.2.3 输入数据一致性的管理

要实现实体的解析，数据必须尽可能保持一致。这至少需要减少格式上的变化和数据标识的调整，输入数据的一致性能有效减少关联记录的风险和错误。具体过程如下。

（1）验证。识别那些被证明是错误的或可能不正确或默认的数据（如删除明显的假电子邮件地址）。

（2）标准化。确保数据内容符合标准参考数据值（如国家代码）、标准的格式（如电话号码）或字段（如地址）。

（3）数据丰富。添加可以改进实体解析服务的属性以提高实体解析的质量。

7.4.2.4 实体解析和标识符管理

实体解析是确定两个对现实世界对象的引用到底是指同一对象还是不同对象的过程，实体解析是一个决策过程、执行过程的模型，根据它们确定两个引用之间相似性的方法有所不同。虽然解析总是发生在成对的引用之间，但是可以把该过程系统地扩展到大型数据集上。因为匹配和合并记录的过程实现了主数据集的构建，所以实体解析过程对于主数据管理至关重要。

实体解析包括一系列活动（实例提取、实例准备、实例解析、身份管理、关系分析），这些活动能够使实体、实例的身份以及实体、实例之间的关系持续地被管理。在实例解析过程中，通过一个判定是否的过程，两个实例可能会被认定为是代表同一实体。这些实例再通过一个全局标识符连接起来，这个标识符能够表明它们是等价的。

通过以上几个关键步骤的管理才能实现主数据的共享。

7.5　主数据管理的程序

7.5.1　识别驱动因素和需求

每个企业都有不同的主数据管理驱动因素和障碍，受系统的数量和类型、使用年限、支持的业务流程以及交易和分析中数据使用方式的影响。驱动因素通常包括改善客户服务或运营效率，以及减少与隐私和法律法规有关的风险。障碍包括系统之间在数据含义和结构上的差异。

在应用程序内部定义主数据的需求相对容易，跨应用程序定义主数据标准需求则比较困难。大多数企业都希望一次只针对一个主题域甚至一个实体来实施主数据工作。根据改进建议的成本、收益以及主数据主题域的相对复杂性等因素，对主数据工作进行优先级排序。从最简单的类别开始，在过程中逐步积累经验。

7.5.2　评估和评价数据源

现有应用中的数据构成了主数据管理工作的基础，理解这些数据的结构和内容以及收集或创建数据的过程是很重要的。主数据管理工作的结果之一可能是通过评估现有数据的质量来改进元数据。评估数据源的目标之一是根据组成主数据的属性来了解数据的完整性。这个过程包括阐明这些属性的定义和粒度。定义和描述属性时，有时会遇到语义问题，数据管理员需要与业务人员协作，并就属性命名和企业级定义达成一致。评估数据源的另一目标是了解数据的质量，数据质量问题会使主数据项目复杂化，因此评估过程应该包括找出造成数据问题的根本原因并解决问题。不要想当然地认为数据是高质量的才比较稳妥，应将评估数据质量及其与主数据环境的适配性的工作常态化。

评估和评价数据源最大的挑战是数据源之间的差异。在任何给定的数据源中，数据可能都是高质量的，但由于结构差异以及表示相似属性的标识的差异，这些数据还是不能很好地整合在一起。数据是在应用程序中被创建和收集的，而主数据计划提供了在这些应用程序中定义和实现标准的机会。对于某些主数据实体，如客户、顾客或供应商，可以购买标准化的数据，以实现主数据管理工作。有些供应商可以提供与个人、商业实体及专业人士有关的高质量数据，这些数据可以与企业内部的数据进行比较，以此来改善企业内存储的关联信息、地址和名称等数据的质量。除了评估现有数据的质量外，还必须了解支持主数据管理工作的输入采集技术。输入采集技术将影响主数据管理的架构方法，是保证后续形成的主数据质量的重要手段。

7.5.3 定义架构方法

主数据管理的架构方法取决于业务战略、现有数据源平台以及主数据本身，特别是数据的来源及与其他数据的关系和波动性以及高延迟或低延迟的影响。架构必须要考虑数据消费和共享模型。维护工具取决于业务需求和架构选项。工具有助于定义数据管理和维护的方法，同时也依赖于管理和维护的方法。

在选择整合方法时，需要考虑整合到主数据解决方案中的系统的数量和这些系统所需要的平台。企业的规模和地域分布也会影响整合方法的选择。小型企业可以有效地利用交易中心模式，而具有多个系统的全球性企业更有可能选择注册表模式。如果一个企业兼有"孤立"的业务部门和各种各样的源系统，那么它可能会决定使用一种综合的方法进行统一整合。

当主数据没有清晰的系统记录时，数据共享中心的架构就显得尤为重要。在这种情况下，多个系统会提供数据，一个系统的新数据或更新数据可以与另一个系统已经提供的数据相整合。数据共享中心成为数据仓库或数据集市中主数据的数据源，降低了数据提取的复杂性，并减少了数据转换、修复及融合的处理时间。当然，出于保存历史信息的目的，数据仓库必须反映对数据共享中心所做的所有更改，而数据共享中心本身可能只需要反映实体的当前状态。

7.5.4 建模主数据

主数据管理是一个数据整合的过程。为了实现一致结果，并在企业扩展时管理新资源的整合，必须在主题域内为数据建模。可以在数据共享中心的主题域上定义逻辑或规范模型，这将建立主题域中实体和属性的企业级定义。

7.5.5 定义管理职责和维护过程

技术解决方案可以在主记录标识的匹配、合并和管理工作中发挥重要作用，但这个过程还需要做一些管理工作，不仅要修复在此过程中遗失的记录，更重要的是还要修复和改进造成数据遗失的流程。主数据管理项目应考虑主数据保持质量所需的资源，需要以记录进行分析，向源系统提供反馈，并提供可以被用来调整和改进驱动主数据管理解决方案的算法的输入。

7.5.6 建立治理制度，推动主数据使用

主数据项目的初始工作极富挑战性，需要投入很多精力，一旦工作人员和系统开始使用主数据就会发现它真正的优点（更高的运营效率、更高的质量、更好的客户服务等）。整个工作必须要有一个路线图，以便让各个系统可以把主数据的标识作为流程输入，在系统之间建立单向的闭环，以保持系统之间主数据标识的一致性。

第 8 章

数据管理和使用的基础——元数据

元数据对于数据管理和数据使用来说都是必不可少的。所有企业都会产生和使用大量的数据，企业拥有哪些数据、数据的来源、数据表示什么、谁有权限访问这些数据等关于数据各方面情况的信息被需要。元数据管理提供了获取和管理企业数据的主要方法。

8.1　元数据的含义

8.1.1　元数据的概念

DAMA 数据管理知识体系指南（DAMA 国际，2020）中给出的元数据的定义：元数据是关于数据的数据，是用来支持如指示存储位置、历史数据、资源查找、文件记录等功能的一类数据。元数据是一种电子式目录，通俗地讲，假若图书馆的每本书中的内容是数据的话，那么找到每本书的索引则是元数据。

为了达到编制目录的目的，必须描述并收藏数据的内容或特色，进而达成协助数据检索的目的。元数据需要存储以下信息：程序集的说明；标识（名称、版本、区域性、公钥）；导出的类型；该程序集所依赖的其他程序集；运行所需的安全权限；类型的说明；名称、可见性、基类和实现的接口；成员（方法、字段、属性、事件、嵌套的类型）属性；修饰类型和成员的其他说明性元素。

8.1.2　元数据类型

从不同的角度可以将元数据分为不同的类别。

8.1.2.1　根据元数据描述的数据类型不同分类

（1）物理元数据。物理元数据是描述物理资源的元数据，包括但不限于服务器、操作系统、机房位置等信息。

（2）数据源元数据。数据源元数据是描述数据源的元数据，通常包括四类信息：数据源地址（IP、PORT 等）；物理拓扑（主备、角色等）；权限（用户名、口令等）；库名、版本、域名等。

（3）存储元数据。存储元数据是描述对象存储的元数据，也是通常"狭义"上的元数据，包括几大类内容：管理属性（创建人、应用系统、业务线、业务负责人等）；生命周期（创建时间、截止时间、版本信息等）；存储属性（位置、物理大小等）；数据特征（数据倾斜、平均长度等）；使用特征（数据操纵语言、刷新率等）；数据结构，即表/分区（名称、类型、备注等）、列（名称、类型、长度、精度等）、索引（名称、类型、字段等）、约束（类型、字段等）。

（4）计算元数据。计算元数据是描述数据计算过程的元数据，通常可分为数据抽取或数据加工两类计算。每类计算又可以进一步细分为控制元数据（配置属性、调度策略等）和过程元数据（依赖关系、执行状态、执行日志等）。

（5）质量元数据。质量元数据是描述数据质量的一类元数据，通常情况下，是通过定义一系列质量指标反映数据质量。

（6）操作元数据。操作元数据是描述数据是如何使用的一类元数据，包括：数据产生（产生时间、作业信息等）；表访问（查询、关联、聚合等）；

表关联（关联表、关联字段、关联类型、关联次数）；字段访问（查询、关联、聚合、过滤等）。

（7）运维元数据。运维元数据是描述系统运维层面的元数据，通常包括任务类、报警类及故障类的数据。

（8）成本元数据。成本元数据是描述数据存储及计算成本的元数据，包括：计算成本（中央处理器、存储器等）；存储成本（空间、压缩率等）。

（9）标准元数据。标准元数据是描述数据标准化内容的元数据，包括：代码管理（转换规则、对外接口等）；映射管理；数据展示（样式、规则、语义、单位等）。

（10）安全元数据。安全元数据是描述数据安全内容的元数据，包括：安全等级；数据敏感性（是否敏感、脱敏算法等）。

8.1.2.2　信息技术领域的元数据分类

这些类别使人们能够理解属于元数据总体框架下的信息范围以及元数据的产生过程。

（1）业务元数据。该数据主要关注数据的内容和条件，也包括与数据治理相关的详细信息。业务元数据包括主题域、概念、实体、属性的非技术名称和定义以及属性的数据类型和其他特征如范围描述、计算公式、算法和业务规则、有效的域值及其定义。业务元数据的示例包括：数据集、表和字段的定义和描述；业务规则、转换规则、计算公式和推导公式；数据模型；数据质量规则和检验审核结果；数据的更新计划；数据溯源和数据血缘；数据标准；特定的数据元素记录系统；有效值约束；利益相关方联系信息（如数据所有者、数据管理专员）；数据的安全/隐私级别；已知的数据问题；数据使用说明。

（2）技术元数据。该数据提供有关数据的技术细节、存储数据的系统以及在系统内和系统之间数据流转过程的信息。技术元数据示例包括：物理数据库表名和字段名；字段属性；数据库对象的属性；访问权限；数据的增、删、改、查规则；物理数据模型与实物资产之间的关系；数据的抽取、转换、装载作业的详细信息；文件格式模式定义；源到目标的映射文档；数据血缘文档，包括上游和下游变更影响的信息；程序和应用的名称和描述；周期作业（内容更新）的调度计划和依赖；恢复和备份规则；数据访问的权限、组、角色。

（3）操作元数据。该数据描述了处理和访问数据的细节，例如：批处理程序的作业日志；抽取历史和结果；审计、平衡、控制度量的结果；错误日志；报表和查询的访问模式、频率和执行时间；补丁和版本的维护计划和执行情况，以及当前的补丁级别；备份、保留、创建日期、灾备恢复预案；服务水平协议要求和规定；容量和使用模式；数据归档、保留规则和相关归档文件；清洗标准；数据共享规则和协议；技术人员的角色、职责和联系信息。

8.1.3　元数据的作用

元数据可以描述信息、管理信息，促进数据集的高效利用，便于数据查找和共享。[①]

（1）元数据是进行数据集成所必需的。数据仓库最大的特点就是它的集成性。这一特点不仅体现在它所包含的数据上，还体现在实施数据仓库项目的过程当中。一方面，从各个数据源中抽取的数据要按照一定的模式存入数据仓库中，这些数据源与数据仓库中数据的对应关系及转换规则都要存储在元数据的知识库中；另一方面，在数据仓库项目实施过程中，直接建立数据仓库往往费时、费力，因此，在实践当中，按照统一的数据模型，首先建设数据集市，其次在各个数据集市的基础上再建设数据仓库。但是，当数据集市数量增多时很容易形成"蜘蛛网"现象，而元数据的管理是解决"蜘蛛网"的关键。如果在建立数据集市的过程中，注意了元数据管理，再集成到数据仓库中时就会比较顺利；相反，如果在建设数据集市的过程中忽视了元数据管理，那么最后的集成过程就会很困难，甚至不可能实现。

（2）元数据是最终用户理解数据仓库中的数据所必需的。元数据定义的

---

① 张朔. 基于元数据的开放政府数据整合研究［D］. 太原：山西大学，2021.

语义层可以帮助最终用户理解数据仓库中的数据。最终用户不可能像数据仓库系统管理员或开发人员那样熟悉数据库技术，因此，迫切需要有一个"翻译"，能够使他们清晰地理解数据仓库中数据的含义。元数据可以实现业务模型与数据模型之间的映射，因而可以把数据以用户需要的方式"翻译"出来，从而帮助最终用户理解和使用数据。

（3）元数据是保证数据质量所必需的。元数据是保证数据质量的关键。数据仓库或数据集市建立好以后，使用者在使用的时候，常常会产生对数据的怀疑。这些怀疑往往是由于底层的数据对于用户来说不"透明"造成的，使用者很自然地对结果产生怀疑。而借助元数据管理系统，最终的使用者都会很方便地得到各个数据的来龙去脉以及数据抽取和转换的规则，也可以便捷地发现数据所存在的质量问题。

（4）元数据是企业需求变化所必需的。随着信息技术的发展和企业职能的变化，企业的需求也在不断地改变。元数据可以支持企业需求的变化，成功的元数据管理系统可以把整个企业业务的工作流、数据流和信息流有效地管理起来，可以满足企业调整数据、获取数据的需求。

元数据是企业数据资源的应用字典和操作指南，元数据管理有利于统一数据口径、标明数据方位、分析数据关系、管理数据变更，为企业级的数据治理提供支持，是企业实现数据自服务、推动企业数据化运营的必经之路。

8.2　元数据管理的含义

8.2.1　元数据管理的概念

元数据管理是通过计划、实施和控制活动确保数据需求者访问到高质量的、整合的元数据。元数据管理是对数据采集、存储、加工和展现等数据全生命周期的描述信息，帮助用户理解数据关系和相关属性。元数据管理工具可以了解数据资产分布及产生过程，实现元数据的模型定义并存储，在功能层包装成各类元数据功能，最终对外提供应用及展现。提供元数据分类和建模、血缘关系和影响分析，方便数据的跟踪和回溯。

8.2.2　元数据管理的必要性

随着企业收集和存储数据能力的提升，元数据在数据管理中的作用变得越来越重要。因此，必须加强元数据的管理。

（1）元数据可以确保组织识别私有的或敏感的数据，能够管理数据的生命周期，以实现自身利益，满足合规要求，并减少风险敞口。

（2）可靠的元数据，使得企业知道它拥有什么数据、数据表示什么、数据来自何处、它如何在系统中流转、谁有权访问它，或者对于数据保持高质量的意义。

（3）元数据作为企业数据的索引可以使企业更有效地管理其数据。

（4）元数据解释了使企业能够运行的数据和流程，元数据是企业中数据管理的指南。

元数据管理不善容易导致以下问题。

（1）冗余的数据和数据管理流程不畅。

（2）重复和冗余的字典、存储库和其他元数据存储。

（3）不一致的数据元素定义和与数据滥用的相关风险。

（4）元数据的不同版本相互矛盾且有冲突，降低了数据使用者的信心。

（5）怀疑元数据和数据的可靠性。

良好的元数据管理工作，能确保对数据资源的一致理解和更加高效地跨组织开发使用。

8.2.3　元数据管理的目标

（1）记录和管理与数据相关的业务术语和知识体系，以确保人们理解和使用数据内容的一致性。

（2）收集和整合不同来源的元数据，以确保人们了解来自组织不同部门的数据之间的相似与差异。

（3）确保元数据的质量、一致性、及时性和安全性。

（4）提供标准途径，使元数据使用者（人员、系统和流程）可以访问元数据。

（5）确保元数据能帮助数据需求者便捷地获取所需的企业的基础数据。

8.2.4　元数据管理的原则

成功实施元数据解决方案应遵循以下指导原则。

（1）组织承诺的原则。确保企业对元数据管理的承诺（高级管理层的支持和资金），将元数据管理作为企业整体战略的一部分，将数据作为企业资产进行管理。

（2）战略建设原则。制定元数据战略，考虑如何创建、维护、集成和访问元数据。战略能推动需求，这些需求应在评估、购买和安装元数据管理产品之前定义。元数据战略必须与业务优先级保持一致。

（3）可扩展性原则。从企业视角确保未来的可扩展性，但是要通过迭代和增量交付来实现。

（4）价值植入原则。在企业中宣传、引导元数据的必要性和每种元数据的用途，在企业中形成认可元数据的价值，从而会鼓励业务使用元数据，同时也为业务提供知识辅助。

（5）可访问原则。确保员工了解如何访问和使用元数据。

（6）质量控制原则。认识到元数据通常是通过现有流程（数据建模、系统生命周期、业务流程定义）生成的，所以流程所有者应对元数据的质量负责。

（7）标准规范的原则。制定、实施和审核元数据标准，以简化元数据的集成和使用。

（8）反馈畅通原则。创建反馈机制，以便数据使用者可以将错误的或过时的元数据反馈给元数据管理团队。

8.2.5　元数据管理的作用

数据管理需要元数据，元数据本身也需要管理，可靠且良好地管理元数据有助于：

（1）通过提供上下文语境和执行数据质量检查提高数据的可信度。

（2）通过扩展用途增加战略信息（如主数据）的价值。

（3）通过识别冗余数据和流程提高运营效率。

（4）防止使用过时或不正确的数据。

（5）减少数据的研究时间。

（6）改善数据使用者和IT专业人员之间的沟通。

（7）创建准确的影响分析，从而降低项目失败的风险。

（8）通过全面记录数据背景、历史和来源降低培训成本和员工流动的影响。

元数据有助于采用一致的方式表示信息、简化工作流程以及保护敏感信息，尤其是在已有监管合规要求的情况下。

8.3　元数据管理的内容

与其他形式的数据一样，元数据也有生命周期。从概念上讲，所有元数据管理解决方案都包含与元数据生命周期相对应的架构层次。

8.3.1　元数据管理的步骤

（1）元数据创建和采集。按照元数据标准的规范进行元数据名称的确定，采集相关的数据，如元数据所索引的数据中关键字说明、数据类型、数据来源、数据范围、安全等级等。

（2）存储元数据。根据元数据的类型、特点不同选择集中式储存库或分布式存储库。

（3）元数据集成。根据元数据的整合程度、整合规则进行元数据的集成。

（4）元数据交付。元数据交付是将元数据从存储库中分发到最终用户和其他需要使用元数据的应用或工具。元数据交付的方式很多，可以在企业内部网站，报告、术语表和其他文档，数据仓库、商务智能工具等。与外部组织进行交互时，常见的传输格式是 XML。

（5）元数据使用。元数据指导如何管理数据资产，元数据控制并审计数据、流程和整合；在数据安全管理中，通过元数据进行控制和维护，数据质量提升通常也是从元数据及元数据与数据关系进行检查开始。

（6）元数据控制和管理。元数据的管理要注重过程控制，应规范元数据的标准及管理元数据的状态变化。将元数据战略集成到软件开发的生命周期中，确保变更过的元数据及时得到收集，以确保元数据保持最新。

8.3.2　元数据管理的架构内容

在应用中可以采用不同的架构方法获取、存储、集成和维护元数据，以供数据需求者访问元数据。

8.3.2.1　集中式元数据架构

集中式元数据架构由单一的元数据存储库组成，包含各种不同来源的元数据副本。IT 资源有限的企业或者那些追求尽可能实现自动化的企业，可能会选择避免使用此架构选项。在公共元数据存储库中寻求高度一致的企业，可以从集中式元数据架构中受益。

（1）集中式存储库的优点。

①高可用性，因为它独立于源系统。

②快速的元数据检索，因为存储库和查询功能在一起。

③解决了数据库结构问题，使其不受第三方或商业系统特有属性的影响。

④抽取元数据时可进行转换、自定义或使用其他源系统中的元数据进行补充，提高了元数据的质量。

（2）集中式存储库的缺点。

①必须使用复杂的流程确保元数据源头中的更改能够快速同步到存储库中。

②维护集中式存储库的成本可能很高。

③元数据的抽取可能需要自定义模块或中间件。

④验证和维护自定义代码会增加对内部 IT 人员和软件供应商的要求。

8.3.2.2 分布式元数据架构

一个完全分布式的架构中维护了一个单一的接入点。元数据检索引擎通过实时从源系统检索数据来响应用户请求；分布式元数据架构没有持久化的存储库。在这种架构中，元数据管理环境维护必要的源系统目录和查找信息，以有效处理用户查询和搜索，可通过公共对象请求代理或类似的中间件协议访问这些源系统。

（1）分布式元数据架构的优点。

①元数据总是尽可能保持最新且有效，因为它是从其数据源中直接检索的。

②查询是分布式的，可能会提高响应和处理的效率。

③来自专有系统的元数据请求仅限于查询处理，而不需要详细了解专有数据结构，因此最大限度地减少了实施和维护所需的工作量。

④自动化元数据查询处理的开发可能更简单，只需要很少的人工干预。

⑤减少了批处理，没有元数据复制或同步过程。

（2）分布式元数据架构的缺点。

①无法支持用户定义或手动插入的元数据项，因为没有存储库可以放置这些添加项。

②需要通过统一的、标准化的展示方式呈现来自不同系统的元数据。

③查询功能受源系统可用性的影响。

④元数据的质量完全取决于源系统。

8.3.2.3　混合式元数据架构

混合架构结合了集中式和分布架构的特性，元数据仍然直接从源系统移动到集中式存储库，但存储库设计仅考虑用户添加的元数据、重要的标准化元数据来自手工添加的元数据。

该架构得益于从源头近乎实时地检索元数据和扩充元数据，可以在需要时最有效地满足用户需求。混合方法降低了对专有系统进行手动干预和自定义编码访问功能的工作量。基于用户的优先级和要求，元数据在使用时尽可能是最新且有效的。混合架构不会提高系统的可用性，但是源系统的可用性是一个限制，因为后端系统采用分布式特性处理查询。在将结果集呈现给最终用户之前，需要用额外的系统开销将这些初始结果与中央存储库中的元数据扩展连接起来。

许多企业都可以从混合框架中受益，包括那些具有快速变化的操作元数据的企业，需要一致、统一元数据的企业以及在元数据和元数据源正在大幅增长的企业。对于大多静态元数据或较小元数据增量的企业来说，可能无法发挥这种架构替代方案的最大潜力。

8.3.2.4　双向元数据架构

双向元数据架构是一种高级架构方法，它允许元数据在架构的任何部分（源、数据集成、用户界面）中进行更改，然后将变更从存储库同步到其原始源以实现反馈。

这种方法显然存在各种挑战，该设计强制元数据存储库包含最新版本的元数据源，并强制对源的更改管理，必须系统地捕获变更，然后加以解决；必须构建和维护附加的一系列处理接口，以将存储库的内容回写至元数据源。

混合元数据架构能够解决：在集中式元数据存储中收集不同来源的公共元数据；用户将他们的查询请求提交到元数据门户，元数据门户将请求传递到一个集中式存储库；集中式存储库将尝试用最初从各种来源收集的公共元数据满足用户请求；请求变得更具体或用户需要更详细的元数据时，集中式存储库将委托特定源处理具体细节；由于在集中式存储库中收集了公共元数据，因此，可以跨各种工具进行全局搜索。

　　企业要根据自身的特点及条件选择元数据管理的架构模式。

第 9 章

企业日常业务活动产生数据的管理

9.1 理解企业交易数据管理

9.1.1 企业交易数据的概念

企业的交易数据是指企业日常业务活动的数据，包括企业筹资活动的数据、企业投资活动的数据、企业营运活动的数据和企业利润及利润分配的数据。

9.1.2 企业交易数据管理的概念

企业交易数据的管理主要在于业务系统之间的数据整合、分类、标准化，以及数据在企业内部各部门之间和企业内外部数据需求者之间的有效共享。

9.1.3 企业交易数据管理的目标

在进行企业交易数据分类梳理和标识中需要结合生产模式、平台企业结合服务运营模式，分析梳理业务流程，体现贯穿运行模式和业务流程的跨行业、跨企业协同实现企业基础数据分类管理和共享的思想。在实践过程中，政府部门和行业协会应该协助上下游关联企业实现数据的分级保护和安全共享。打破数据的孤岛，实现数据在企业内外的有效共享和深度开发利用。

交易数据管理的直接表现是便于企业内外部的使用者获取数据，管理的内容主要是分类及储存。具体表现为：在整个数据生命周期中管理数据的可用性；确保数据资产的安全、完整性。

9.1.4 企业交易数据管理的原则

交易数据是企业进行基础数据交易以及企业内部各部门间共享数据的主要内容。因此，交易数据的管理要遵循以下原则。

①实时数据更新，每发生一笔交易，则数据自动进入所属数据库。

②数据库安全，保证数据使用者在规定的权限内使用数据。

9.2 企业交易数据的分类

9.2.1 交易数据分类的必要性

企业信息化的建设基础是企业信息资源的管理，其核心是基础数据的集成和共享。对企业基础数据的分类、编码是企业基础数据集成和共享的基础工作。交易数据是企业基础数据中更新变化最快的数据，只有分类合理才能利于交易数据的存储、集成和共享。

企业基础数据分类分级工作主体包括三类：核心主体是企业；数据交易平台企业全程引导企业开展工作；而行业协会和政府则起到监督指导作用，逐步实现"企业点突破、行业线贯通、整体面推广"的企业基础数据分类分级管理体系，提升基础数据管理和安全防护能力。

交易数据分类工作的核心就是要抓住以下三个重点。

一是分类标识要全。要对企业的全量数据进行全面的梳理，进行分类标识，做到全面的梳理盘点，将企业内部的基础数据作为资产进行管理，将各类数据分门别类，有效地管理起来。

二是要逐类地定级，定级要准。按照基础数据的敏感程度进行定级，企业中的数据密集程度有的高、有的低，有的可公开，有的不可公开，敏感等级不同的数据对内使用时受到的保护策略不同，对外共享开放的程度也不同。

数据分级是站在数据安全的视角上进行的，分类定级不是目的，目的是要进行分级的管理，要保证数据的安全，保证企业基础数据的价值有效释放。

三是分级管理要细致到位。我们要形成一个有效的闭环，把基础数据流通作为一个有效的过程来进行管理。

9.2.2　交易数据分类的内容

交易数据集成标准通过存储管理设置数据库来实现。存储数据库根据交易数据获取者不同而有所不同。企业内部需求者可以获取的交易数据按责任中心设置存储库，企业内外部需求者都可以获取的交易数据按财务管理环节设置存储库。

9.2.2.1　按责任中心设置的数据库

（1）收入中心数据库。该数据库只存储收入实现情况的基础数据。影响销售收入和销售费用的主要因素包括销售量、销售折扣、销售价款、坏账损失、应收账款回收期等。

（2）成本（费用）中心数据库。该数据库是存储企业能用货币计量的投入或费用，包括技术性成本和酌量性成本。技术性成本可以通过弹性预算进行控制的成本费用，如产品生产过程中发生的直接材料、直接人工、间接制造费用等。酌量性成本是否发生以及发生数额的多少由管理人员的决策所决定，主要包括各种管理费用和某些间接成本项目，如研究开发费用、广告宣传费用、职工培训费等。

（3）投资中心数据库。投资中心是既对成本、收入和利润负责又对投资效果负责的责任中心。投资中心主要考核能集中反映利润与投资额之间关系的指标，包括投资利润率和剩余收益等。

投资利润率 = 利润÷投资额×100%

或　　　　　　　 = 资本周转率×销售成本率×成本费用利润率

其中，投资额是指投资中心的总资产扣除对外负债后的余额，即投资中心的净资产。

剩余收益是指投资中心获得的利润，扣减其投资额（或净资产占用额）按规定（或预期）的最低收益率计算的投资收益后的余额。其计算公式为：

剩余收益 = 利润 – 投资额（或净资产占用额）×规定或预期的最低投资
　　　　　　收益率

或　　　　　　 = 息税前利润 – 总资产占用额×规定或预期的总资产息税前
　　　　　　利润率

剩余收益指标能够反映投入产出的关系，能避免本位主义，使个别投资中心的利益与整个企业的利益统一起来。

（4）利润中心数据库。该数据库是指拥有产品或劳务的生产经营决策权，是既对成本负责又对收入和利润负责的责任中心。由于利润等于收入减去成本和费用，所以利润中心管理利润的形成包括营业利润、主营业务利润、营业外收支净额等。

9.2.2.2　按财务管理环节设置的数据库

编码统一解决了数据提取的困扰（如果不统一就会出现同一数据在不同部门编码不同），同时也可以追溯出数据的来源。因此，企业基础数据入库时，直接用统一的数据编码，不再单独编码。根据企业业务发生引起的资金运动的环节设置数据存储库。

（1）筹资数据库，包括负债性筹资数据、股权性筹资数据、混合性筹资数据等。

（2）供应数据库，包括采购项目的数据、支付方式的数据等。

（3）生产数据库，包括生产成本的数据、管理费用的数据等。

（4）销售数据库，包括主营业务收入的数据、其他业务收入的数据、营业外收入的数据、投资收益的数据、主营业务成本的数据、其他业务成本的数据等。

（5）利润分配数据库，包括提取盈余公积的数据、企业所得税费用的数据、应付投资者利润的数据等。

9.2.2.3　联邦数据库

数据集成可分为实际存储方式和虚拟方式两种。联邦技术属于虚拟方式，是进行数据集成的有效途径之一，在很多情况下，数据集成的对象是遗留数据库，即已经存在的数据库。对这种遗留数据库的信息集成，联邦数据库是最有效的解决手段。企业的交易数据库在存在遗留数据库的情况下采用分布式数据库中联邦数据库的形式，分布式数据库通过扫描大量节点来快速获取数据。数据联邦提供的数据不需要对数据源进行额外复制或持久化。联邦数据库可以系统地将多个自治的数据库系统映射成一个单一的联邦数据库。组成联邦的数据库有时是分散在不同地理位置，通过计算机网络关联在一起。他们保留本地的自治操作，同时参与到一个联邦中，允许部分和受控地共享他们的数据。联邦数据库并没有将真实的数据整合到一起，而是通过数据互操作性将数据联邦视为一个大型对象来管理。

联邦数据库对于类似企业信息集成、数据可视化、模式匹配和交易数据管理这样异构和分布式的集成项目非常合适。联邦数据库管理系统可以分为松耦合和紧耦合两类。紧耦合式是全局控制信息都放在中心站点，所有的全局访问都必须通过中心站点来确定远程数据片的位置。容易实现数据的一致性和完整性，但是容易产生访问瓶颈，系统效率不高，可靠性较差。企业的交易数据库更适合采用松耦合式，松耦合式联邦系统需要多个组件数据库来构造他们自己的联邦模式。用户一般是通过一种多数据库语言访问其他组件数据库系统，这会消除任何级别的地域透明性，让用户直接获知联邦模式的知识。用户会从其他组件数据库导入所需数据，并将其与他们自己的数据集成组合成一个联邦模式。

| 第 10 章 |

企业基础数据权利的保护

10.1　企业基础数据产权保护的必要性及紧迫性

各国高度重视数字经济的发展，近年来，在政策层面，世界主要国家和地区纷纷出台数字化战略，为促进数字经济发展，形成新的国家竞争力谋篇布局。2019 年底，美国出台了《联邦数据战略和 2020 年行动计划》，明确将数据列为重要的国家战略资产，以联邦政府的数据治理，牵引未来十年美国数字化发展的战略远景。2020 年，欧盟出台数字化战略，加速推进一系列事关数字化的立法进程，着力构造和加强有欧盟特色的数字化发展模式，进而推动数字经济发展。中国更是在数字经济创新方面引领世界潮流，明确将数据列为重要的生产要素。2020 年 4 月 9 日印发的《中共中央 国务院关于构建更加完善的要素市场化配置体制机制的意见》中明确提出，数据是与土地、劳动力、资本、技术并列的新型生产要素，并从推进政府数据开放共享、提升社会数据资源价值、加强数据资源整合和安全保护三个方面部署加快培育数据要素市场的发展任务，这是历史上第一次在国家层面明晰了数据的根本属性，为数据在市场框架内有序流动奠定了坚实的基础。

数据流动是数字经济发展的核心，数据安全是数字经济发展的底线。在保障数据安全和防范数据滥用方面，主要经济体做出了很多尝试。从美欧的实践来看，仅靠政府来维持数据流动和数据安全之间的平衡，不但成本高而且效率低。

　　通过明晰数据产权，最大可能地保障数字经济安全，同时激发市场主体的活跃度来实现数据流动与数据安全动态平衡，将成为一条有效路径。企业基础数据产权界定是数字经济发展的必然要求。

10.2　数据产权保护的基本问题

10.2.1　数据产权的含义

　　数据权属的提出源于自然法的朴素逻辑。信息时代，数据作为新型生产要素和资源能挖掘出商业价值的内容，因而具有公认的经济价值和交换价值。同时，相关企业和政府部门需要投入大量人、财、物力进行数据的存储、处理、分析、统计等行为，数据拥有成为资产的必要条件，应当从法律层面将数据作为个人或企业的重要财产进行保护。数据产权就是从法律上确定数据的权利人，确定数据的所有权、使用权、用益权、决策权以及让渡权等权利的归属。

　　产权制度的目的不只是保护财产的占有，还要保护产权人的隐私，更要促进交易的完成，使产权主体能够分享不断增长的社会财富的一部分。产权的价值不能着眼于"占有物的价值"，要着眼于通过交易，"从做大了的蛋糕中分享"这个意义上的价值，而交易是实现这种分享的条件。

　　数据产权赋予了权利人能够自由地使用和控制数据资源，并不受他人干涉的权利。利益本身不只是财产性利益，"受益"是数据产权定义中所含有的积极效果，权利人在数据交易中可以要求获得财产性对价，也可以要求对方加强数据隐私的保护等。

　　数据因为无形性与可复制性，在尊重他人权利的基础上，如何构建一个数据共享机制和交易机制，对于最大程度地发挥数据价值意义重大。

　　数据以主体类型为划分标准分为个体数据、企业数据和政务数据。企业数据根据数据来源分为三种类型：一是企业作为一个主体，自身产生的数据；二是企业作为平台或者介质掌握用户的数据；三是企业经营活动中所获取的数据。

10.2.2 数据产权的归属主体

10.2.2.1 数据产权归属主体确定的前提

（1）数据确权需要在国家、社会和个体的多方权益中权衡。数据确权主要解决以下三个基本问题：一是数据权利属性，即给予数据何种权利保护；二是数据权利主体，即谁应该享有数据上附着的利益；三是数据权利内容，能明确数据主体享有哪些具体的权能。数据权利属性、主体及内容的设计，需要从国家层面、社会层面和个体层面仔细权衡。在国家层面，数据确权应有助于提升维护国家网络安全空间主权、提升大数据安全管控能力和强化国家关键数据资源的保护能力；在社会层面，数据确权应能有效引导、规范、提升大数据活动，推动大数据产业和数字经济发展并保障社会公共福利和社会的公平正义；在个体层面，数据确权应能保障数据活动相关的个体合法权益及个人隐私安全。也就是说，数据确权涉及公权和私权两个范畴，涵盖国家、社会和个人三个层面的利益关系，所以必须在三者间进行利益价值关系的均衡，既要保障以国家安全和国家网络空间安全为核心的数据主权，又要避免公权越界侵占以个体、企业的合法权益为代表的私权。因此，数据产权制度是三个主体间均衡博弈的结果，由此方能全面保障各主体权益，不能贸然侵损单方合法权益，进而实现整体效益最大化。

（2）数据权属的确定需要考虑权责关系。一般认为，确权就是要确定数据的所有权、使用权、收益权、转让权、处置权、管理权等权利束的整体归属。但对于数据来说，确权有一个特殊性是所有权与其他权利可以分离，比如这里的使用权，不仅是所有者的使用权，也包括非所有者的使用权。权利束如何分离、分别赋予哪些不同的主体，主要取决于责权的承担。责权完全对应的整体权利束赋予一个主体，责权不能完全对应的，权利束中的权利可以分离，分别赋予不同的主体。对于个别数据产生者而言，没有能力进行加工形成供给相关需求者使用的大数据，则其对个别数据的产权仅限于隐私权而不具有收益权等。

10.2.2.2　不同的数据产权归属不同的主体

数据生成者是指生成数据的主体，可将它又分为数据生产者和数据产生者两类，前者强调"生产"，而后者强调"产生"。生产，指人类从事创造社会财富的活动和过程中通过算法实施收集、分析和处理等数据操作行为，所以，数据生产是指从海量数据中析出有价值的数据；产生，是指由已有的事物中生出新的事物，是原始数据，是指一经生成就未经过任何深度处理的数据，不是衍生数据，是指原生数据被记录、存储后，经过算法加工、计算、聚合而成的系统的、可读取的、有使用价值的数据。本书所研究的对象是基础数据，即原始数据。

数据生产者是生产数据的归属主体，可将数据生产者理解为从海量数据中析出衍生数据的主体，主要是指企业。数据产生者是基于数据化行为而产生原始数据的主体，可以是自然人、企业，也可以是政府部门。

数据资源分配及其引发的社会性问题，应该遵循"技术带来的问题首先依靠技术解决"，但是现有技术似乎无法提供有效的解决方案，此时就需要转向法律制度层面寻求解决之道。因此，应该认真对待新兴权利——数据产权，将其确定为数据确权的元概念，跳出非"此"即"彼"的独占、排他思维窠臼。

（1）企业对自身数据享有当然产权。根据《中华人民共和国民法典》对民事主体的相关规定，企业可以被分为法人型企业与非法人型企业（主要包括个人独资企业、合伙企业）。无论是否具有独立的法人资格，所有企业均属于《中华人民共和国民法典》规定的民事主体，均可以依法以自己的名义进行经营活动。也就是说，企业对自己经营活动必需的自有信息、数据，如企业名称、名誉和荣誉以及自己产生的数据等，均享有类似于个人数据权利的企业数据产权。

企业自有数据产权具有几乎所有个人数据产权的特征，二者最大的不同在于，企业自有数据产权具有商业属性，一方面它是企业经营活动中形成的，个人数据产权是自然人专有的，与经济活动并无直接联系；另一方面企业自有数据产权通常可以转让，个人数据产权可被用于商业活动，但并非均可转让。

（2）平台企业掌握的用户数据享有有限的产权。随着移动互联、定位导航、人工智能等技术的突飞猛进以及物流业的快速发展，越来越多的人依赖各类应用系统，平台企业因此而成为现代社会占据绝对优势地位的企业组织。一个平台拥有的用户数量越多，它就可能吸引越多的用户，在和其他平台的竞争中，它就越可能处于有利地位。哪家平台企业掌握了更多的数据，对数据进行了更好的利用，哪家平台企业就可能在竞争中具备领先优势。平台企业对其注册用户的个人信息及其相关数据享有不完全的产权。平台企业掌握的用户数据可以分为以下三类。

①用户的个人信息。平台掌握的非用户自愿提供的个人信息。目前，几乎每一款应用服务提供商在用户注册、登录环节均会向用户索取姓名、电话、身份证号等个人信息，通过明文比对的方式确认用户真实身份，并将个人信息存储在网络服务器之中。因此，平台企业在经营过程中，可以轻松通过技术手段或者经营所需掌握并非用户自愿提供的个人信息。例如，导航软件、租车软件和代驾软件等，根据用户的交易记录可以轻松获取用户的家庭住址、工作单位等信息，此类信息并非用户主动提供，通常而言，用户也没有任何理由和动机让他人获知应当属于隐私范畴的数据。因此，平台可以自己用于业务活动，但要保证用户的隐私权。

②平台企业加工、生产的数据。平台企业在经营活动中，对其掌握的经营信息予以加工、生产的数据，在不侵害个人数据产权的前提下，应当遵循"按贡献分配"的原则确定其是否享有数据产权。

用户特征数据指平台企业根据用户的社会身份、财务能力以及消费习惯等信息，对其抽象提炼出一个"可以描述用户的需求、个性化偏好以及用户兴趣"的集合。通过用户的特征平台企业向每一个用户推送相关产品或服务，进行精准营销，是现代互联网企业最为常见的商业行为。用户特征数据是在用户数据基础上的加工行为，但该类数据涉及用户的隐私和个人信息，平台企业只可以对此数据享有使用权。不得向任何第三方披露某个特定用户的特征数据。

平台企业对自己拥有的或者合法获取的信息进行大数据分析，隐匿了个体信息，单个用户的特定信息被符号化，无法被准确识别，一般情况下不会侵害用户的隐私。因不涉及自然人权益的保护，故在法律上没有必要给予过多限制，对于这些非个人数据的收集、存储、转让和使用，也无须经过被收集者的同意。这类数据是平台企业自我"创造"而生成的，因此其产权应归属于该平台企业享有。

③平台"用户原创内容"数据的权属。自人类进入社交手段网络化的 Web2.0 时代以来，崇尚个性化的用户们通过互联网平台发布自创作品的自媒体广泛盛行，国际上的 Youtube、Facebook、Twitter，国内的微博、微信、抖音等，每天都有无数的用户登录自媒体，浏览和发布自创内容，凭借深度参与感以及良好体验感，自媒体得到了飞速发展。在自媒体平台发布的视频、图片和文字属于用户原创内容，就内容本身而言，无论是著作权还是其他数据权利当然归属于生产该内容的用户。但是，平台也应该根据其贡献享有相应的数据权利。平台需要投入大量人力、物力，存储、计算数据，才能让相应的作品以特定的方式存储、播放，并且能够被平台用户观看、评论、转发。经过这一转化之后，这一作品同时构成"平台数据"的组成部分，平台享有与作者权利并行不悖的数据权益。

10.2.3　数据产权的权利内容和限制

由于对数据产权保护的目的是鼓励市场，而非仅仅保护隐私及创造，所以更侧重于赋予财产权。由于大数据庞大，对社会发展以及社会公众具有重要意义，借鉴国际趋势，将数据产权的内容分为公有部分和专有部分两部分并分别处理。

10.2.3.1　不同类型的数据产权内容，权利限制不同

数据产权的专有部分是指数据产权的全部或重要部分内容，是数据产权特别保护的主要保护对象。数据产权的公有部分是指只要不妨碍数据的正常使用和损害数据权利人正当利益时，原则上是不保护的，特殊情形下才提供法律保护。这样区分的目的是平衡数据权利人与社会公众的利益，既保护了数据投资者的权利，又兼顾了社会公众的信息权益。

区分数据产权的专有部分和公有部分对数据产权的保护十分重要。数据产权的专有部分，要综合质量和数量两个角度加以考量。数量是指该部分占整个数据产权内容的比重，质量是指数据的权利人在该部分取得、编排或校正、表达方面的投资总量。对专有部分与公有部分的赋权规定不同，对专有部分的规定是以任何方式临时或永久转载到其他媒介的行为，即数据产权的使用包括复制、公开传播等行为，原则上均需要数据权利人的同意，以法律明文规定的例外。对公有部分的规定是原则上允许合法使用人和社会大众自由使用，但是不得妨碍数据的正常使用和损害数据权利人的正当权益。

10.2.3.2 数据产权的权利内容

科斯的产权理论将产权界定为权利束，主要包括：所有权、使用权、用益权、决策权以及让渡权等权利，这些权利在数据产权应用中又有更具体的体现。数据权利的内容，国际上有 1995 年欧盟的《数据保护指令》和世界知识产权组织（World Intellectual Property Organization，WIPO）2018 年发布的世界知识产权指标；德国沿用著作权法上的概念使用复制权、发行权、向公众传播权。

根据数据在实际应用中涉及的主体权利及义务情况，可将数据产权中的使用权具体分为知情权、控制权、选择权、维护权等。知情权主要是指数据权利人要对数据收集者、使用者的身份信息、数据使用目的、数据流通位置等方面有知晓的权利；控制权是指对数据的许可和授权，决定许可和授权的范围大小、用途，控制使用者将数据与第三方市场主体进行交易、流通或共享；选择权是指数据权利人对数据的提供对象、使用范围、权利限制有一定的选择权；维护权又称查阅权，对放置于数据收集者和使用者处的数据可以进行查阅，并有权要求他们对数据进行安全监管，若发生侵权事件则有权得到赔偿或补偿。

而对于数据生产企业形成的大数据，单独个人或单独企业对其产生的数据事实上丧失了对其数据的控制，对于数据的流转和使用他们是处于极为被动的状态，数据生产者对单独个人数据和单独企业数据的占有更符合先占原则而拥有了控制权。在大数据的不同生命周期，大数据资源的产权主体可以不同。在大数据的产生阶段、整理阶段、分析阶段、应用阶段，数据资源产权在不断发生转让与变化。在大数据的生产阶段，谁生产的数据谁就拥有其所有权。在大数据整理阶段，不同的组织、企业、团体会根据自己的需要，有目的地对所有的大数据进行分类筛选和储存，由于这一阶段的数据整理是在上一阶段数据生产的前提下进行的，所以组织、企业、团体等要能顺利进行大数据的整理和筛选，需要上一阶段的大数据产权主体（大数据的生产者）将其享有的所有权、占有权、管理权、收益权让渡给相应的组织、企业、团体。同样，在大数据分析阶段，专业技术人员需要得到上一阶段（数据整理阶段）的大数据产权主体的权利让渡，才能够进行对大数据的信息挖掘。有许多企业甚至是政府等公共部门将大数据的分析外包给专门的团队，这实质上就是大数据占有权、管理权、收益权的一种让渡形式。此外，也会存在科研人员进行社会调查直接拿到数据进行分析的情况，这可以将科研人员看作是大数据整理阶段的产权主体，也是大数据分析阶段的产权主体，也需要上一阶段产权主体对其享有产权的让渡，只不过这种情况是大数据的生产主体将占有权、管理权、收益权直接让渡给了科研人员。专业技术人员（包括科研人员）对大数据进行充分分析和研究后，得到相应的结论、信息或规律，需要通过组织、企业、团体的应用，才能得以实现其价值，这就是产权的又一次让渡。从大数据产生到销毁的过程中，其产权主体处于不断变化中，所以产权制度构建也会有差异。目前，我国已经出台《关于加强网络信息保护的决定》对企业收集和使用大数据资源进行规范，有些大数据公司在用户使用之前会告知用户信息采集的相关条款，但其形式过于简单，只让用户简单地做出"允许"或"不允许"的选择。大数据资源所有权和使用权界定的标准也需要进一步地明确下来。

10.3　数据产权价值实现的条件

10.3.1　数据成为生产力要素已被认知

2020 年 4 月 10 日，《中共中央 国务院关于构建更加完善的要素市场化配置体制机制的意见》正式公布，这是中央第一份关于要素市场化配置的文件，提出了土地、劳动力、资本、技术、数据五个要素领域改革的方向，明确了完善要素市场化配置的具体举措。数据作为一种新型生产要素写入文件，同时要求根据数据性质完善产权性质、制定数据隐私保护制度和安全审查制度，推动完善适用于大数据环境下的数据分类分级安全保护制度，加强对政务数据、企业商业秘密和个人数据的保护。

从本质上说，生产要素一定是一种资源，但并非所有的资源都可以称为生产要素，只有当作为资源的数据具有流通性、全局性、价值性等多重属性后，才可以称为生产要素。换言之，作为生产要素的数据在交易流通过程中必须要体现价值属性。生产要素的价值是根源于其参与生产以及由此带来的分配收益。

数据要素市场化配置意味着数据供求关系发生了深刻变化，政府部门掌握的数据量远远超过市场数据供给量，因此政府在基础数据供给、保障数据共享等方面能够发挥积极的作用。

10.3.2　数据生产力要素的价值通过参与收入分配实现

数据要素参与收入分配是其价值得以实现的根本途径。在党的十九届四中全会提出这一新命题之后，学术界着重探讨了数据要素参与收入分配的必要性。在社会主义市场经济体制下，数据要素参与收入分配的总体原则是兼顾效率与公平，不仅要保障数据要素的生产者按贡献获得合理报酬，充分发挥数据要素对提升全要素生产率和促进经济增长的作用，而且要重视数字经济时代的分配公平，使全民共享数字经济的发展成果。为此，数据要素参与收入分配的机制要从初次分配和再分配两个层面进行。[①]

10.3.2.1　初次分配机制

初次分配要在注重效率的基础上兼顾公平，数据要素参与收入分配中的

[①]　王颂吉，李怡璇，高伊凡. 数据要素的产权界定与收入分配机制［J］. 福建论坛·人文社会科学版，2020（12）：138－145.

初次分配机制亦是如此。党的十九届四中全会提出，要健全"生产要素由市场评价贡献、按贡献决定报酬的机制"。基于此，数据要素参与收入分配的初次分配机制也应该由市场来评价数据要素的贡献，并且依据数据要素在数字经济发展中的贡献获得相应的报酬。数据要素的收益权属于数据生产企业，因此数据要素的初次分配收益也应该归属于数据生产企业。数据要素要形成由市场评价贡献、按贡献决定报酬的初次分配机制，必须遵循数据要素生产和交换的价值规律，正确处理好政府与市场在数据要素收益分配中的作用，既要通过市场机制使数据要素的生产者获得合理报酬，又要由政府维护数据要素市场的公平有序运行。

一方面，数据要素的价格由生产数据要素产品的社会必要劳动时间所决定，并随着数据要素市场的供求及竞争状况的变动而变动，数据要素的生产者可以通过市场机制获得合理报酬。与此同时，数据要素市场的供求状况和竞争状况也会影响数据要素的价格，数据要素的供求双方应按照市场引导下形成的均衡价格完成交易，数据生产企业在此过程中实现数据要素的价值，按其生产数据要素对经济增长的贡献获得合理报酬。

另一方面，政府应加强对数据要素市场的监管，保障数据要素市场有序运行。数字经济时代有无限多个数据要素需求者，但只有掌握新一代数字技术和拥有足够用户群体的数据处理企业才能生产数据要素，因此数据要素供给者的数量是相对有限的。在此背景下，数据生产企业可能会依托数据要素供给的垄断地位获得垄断利润，这不利于数据要素市场和数字经济的健康发展。为此，政府应及时纠正数据要素市场的垄断行为和不公平竞争，维护数据要素市场有序运行，使供给数据要素的企业通过公平竞争得到合理报酬。

10.3.2.2　再分配机制

再分配要更加重视公平，数据要素参与收入分配中的再分配机制也是如此。从整个社会而言，数据要素生产者通过初次分配机制获得的收益有其不公平之处。一方面，只有少数掌握新一代数字技术的企业才具备生产数据要素的能力，这决定了数据要素在不同社会成员之间的配置是极不均衡的。随着数据要素在数字经济时代重要性的不断上升，数据要素生产者通过初次分配获得的要素收益在要素总收益中的比重也呈上升趋势。从社会公平的角度出发，需要政府通过再分配机制对数据要素的收益进行调节。另一方面，从数据要素的生产过程来看，各类市场主体提供的原始数据是生产数据要素的原材料，生产数据要素的企业应该对提供原始数据的市场主体做出合理的利益补偿。但由于市场主体的类型众多，加之各类市场主体提供的原始数据方式各异，因此市场主体无法通过市场机制向数据要素生产者寻求利益补偿，这就造成了数据要素生产者与原始数据提供者之间收益分配的不公平。从以上两个方面出发，政府应该通过再分配机制维护数据要素收益分配的公平性，从而弥补市场缺陷，更好地发挥政府在社会主义市场经济运行中的作用。

本书所研究的基础数据属于前一个环节，即数据要素的原材料，由于原材料是企业或自然人在自身的经营活动中产生的，其成本包含在企业的各项管理成本中无法单独进行成本核算，因此，就缺少了定价的依据。这类数据的价值应该由政府通过再次分配机制来实现。

10.4　数据产权保护需要解决的问题

10.4.1　需要数据确权技术的研发和应用

产权制度是社会主义市场经济的基石。完善的产权制度应表现为产权的归属明确、产权的内容法定和产权的保护严格。明确产权的边界，可以避免产权之间的相互冲突，减少交易成本。具体到数据要素，清晰的权利边界可以规范数据处理主体的行为，界定数据处理所涉及的各方权利和义务，从而减少纠纷、平衡各方利益。而这些问题的根本解决需要相应的技术支撑。

尽管数字水印技术和区块链技术不能够解决数据确权问题，但它是经过实践探索的成果，具有一定的创新性及合理性，能够解决一部分问题，有助于降低交易成本。因此，加快新技术的研制和应用，也是数据确权实践探索的重要组成部分，是自下而上的制度机制完善和优化的重要推动力。新兴技术的应用为数据主体追责、维权以及降低交易成本提供了有效思路和路径。

10.4.2　需要健全数据产权制度

10.4.2.1　完善数据要素市场交易机制和条件

（1）完善交易模式及数据要素的估值。由于对数据产权、数据市场流转、交易规则、技术规范、平台功能、企业信用、法律风险等方面缺乏共识，再加上缺乏高效可行的交易模式，极大地削弱了数据要素市场主体进行交易的意愿，造成大数据交易所、交易网站、数据公司等数据市场中介不能有效发挥作用，阻碍了数据交易范围和规模的扩张。

数据要素在形态上具有非实物、高度虚拟化和高度异质性的特点，只有对海量的、采集口径多元、标准和格式各异、物理载体不一、数据结构不同的数据源进行清洗和标准化处理，才能将"原数据"转为"有价值"的数据，才能进一步进行数据资产估值和交易定价。目前，数据交易主体对于多源数据汇集、非结构化处理、数据清洗、数据建模等技术和工具还亟待突破和提升，这在很大程度上，制约着数据要素资产估值和定价，影响着数据要素的交易和流转效率。企业基础数据的标准化对这一难题会有所破解。

（2）完善数字信息基础设施建设。我国数字信息基础设施建设不平衡、不充分的问题仍然较为突出，造成城乡之间、地区之间、行业之间仍存在"数字鸿沟"，不利于统一开放、竞争有序的数据要素大市场的建设。一是农村互联网相关基础设施建设仍然比较滞后，城乡之间互联网普及率仍有较大差距。二是不同区域之间信息化程度差异也比较明显，东西部地区信息基础设施建设失衡的局面亟待改变。三是5G、物联网、人工智能等新型数字信息基础设施建设刚刚起步，且区域、城乡之间发展还不够均衡，促进地区、城乡之间数据要素自由流动的效能还有待释放。

10.4.2.2　完善数据交易的安全管理体系

尽管国家在顶层设计上高度重视数据和信息安全问题，但在操作层面上仍存在意识不强、办法不多、措施乏力等问题，数据安全问题形势比较严峻，严重制约着数据要素市场化配置进程。

安全风险①主要表现如下。

（1）数据泄露风险大。海量的数据在收集、存储、流转和利用过程中，数据安全防护困难，容易受到非法势力攻击和窃取，造成数据泄露重大事件不断上演，数据泄露风险问题比较严重。2018年，数据安全咨询公司金雅拓（Gemalto）发布的一份有关数据泄露水平指数报告显示：仅2018年上半年，全球就发生了945起数据泄露事件，共计导致45亿条数据泄露。

（2）数据交易法律风险较高。数据收集、交易、处置、转让和管理过程可能涉及数据未经个人和企业用户明确授权或涉及企业的商业机密以及国家安全，容易出现法律风险。《中华人民共和国刑法》第二百五十三条规定，违反国家有关规定，向他人出售或者提供公民个人信息，属于刑事犯罪。近年来中国裁判文书网中公布的侵犯公民个人信息类刑事案件中涉及我国侵犯公民个人信息类刑事案件的数量呈逐年增长趋势，绝大部分案件涉及非法获取和买卖公民个人信息类犯罪、利用个人信息诈骗类犯罪等15种刑事罪名。

（3）数据滥用行为突出。数字经济的技术经济特征，驱动着数据要素市场呈现出集中趋势，造成利用数据优势实施垄断和不正当竞争行为的现象频频出现。一是拥有更多独家数据资源的垄断企业可能滥用其市场支配地位，对竞争对手采取诸如算法合谋、完美价格歧视、捆绑销售、市场封锁等垄断行为，打击和消灭竞争对手，排斥和限制市场竞争。二是鉴于数据资源价值凸显，部分企业为了获取和收集数据，采取各种不正当竞争行为。

10.4.2.3 完善数据监管体系

（1）数据监管治理规则仍不够完善。

我国在政府数据开放、个人信息保护、数据安全、交易流通、跨境流动等方面出台了大量的法律法规、战略规划和政策文件。如：《中华人民共和国数据安全法》在2021年9月1日开始施行，《中华人民共和国个人信息保护法》2021年11月1日开始施行，但缺乏可操作的细则。

---

① 工业和信息化部办公厅. 中华人民共和国数据安全法［EB/OL］. http：//www. gov. cn/xin-wen/2021-06/11/content_5616919. htm.

　　跨境数据流动管理方面，《中华人民共和国网络安全法》明确规定，"关键信息基础设施的运营者在中华人民共和国境内运营中收集和产生的个人信息和重要数据应当在境内存储因业务需要，确需向境外提供的，应当按照国家网信部门会同国务院有关部门制定的办法进行安全评估"。但迄今为止，尚未制定出数据跨境安全评估细则和操作办法。数据交易和流通方面，也没有制定出台数据交易和流通的专门性法律法规，可交易和流转的数据范围没有明确的法律依据。

　　（2）数据监管治理组织亟待完善。

　　当前，由于缺乏国家层面统筹推进数据资源管理的机制和统筹协调的管理机构，中央和地方、各职能部门、行业、企业、社会在推动数据要素配置过程中各自按各自的标准执行，对数据开放共享、数据交易市场准入、数据安全、数据滥用、数据交易纠纷等监管治理存在"九龙治水"等问题。这既不利于摸清国家数据资源的家底，也不利于数据资源的统筹管理和综合利用，因此亟待从国家层面设立数据管理机构予以统筹协调和监管。

第 11 章

安全是企业基础数据管理最基本最重要的问题

随着大数据时代的到来，数据被广泛认为属于企业重要的资产，数据资产的管理技术作为数据战略的基础能力在数据资产与社会生产生活日益融合、释放价值的过程中，不断丰富内涵、革新发展，既包括了传统数据管理在推动数据标准化、提升数据质量水平等方面的内容，也体现出新时代促进数据开放流通、改善数据运营效率以及探索数据业务模式转型等方面的要求。

与此同时，数据安全显得尤为重要。企业的敏感、涉密数据涉及企业的商业秘密、工作秘密以及员工的隐私信息等，若因不当使用造成数据泄露导致攻击者获取企业敏感数据或者被恶意人员利用从事商业交易、窃取个人隐私等，将对企业及员工的利益造成不可预估的损失。

为有效规范、管理企业敏感、涉密数据，要从管理和技术上保障企业数据的安全。

11.1 数据安全管理的含义

11.1.1 数据安全的概念

《中华人民共和国数据安全法》中对数据安全的界定是：数据安全，是指通过采取必要措施，确保数据处于有效保护和合法利用的状态，以及具备保障持续安全状态的能力。"数据安全"包括保护数据免受泄露、窃取、篡改、毁损、非法使用等。

11.1.2　数据安全管理的概念

数据安全管理就是保证数据安全的管理行为，是为实现数据安全目标而进行的有关决策、计划、组织和控制等方面的活动。其主要运用现代安全管理原理、方法和手段，分析和研究各种不安全因素，从技术上、组织上和管理上采取有力的措施，解决和消除各种不安全因素，防止不安全事故的发生。

11.2　数据安全管理是必然选择

11.2.1　数据安全是企业保持竞争力的需求

企业的数据既要保证企业内外部数据需求者的使用又要保证企业自身利益不受侵害以及维护企业内部相关部门的管理权力和应承担的责任。企业在保护数据安全的同时，还需要保证企业内外部数据需求者合理合法的访问权力。有效的数据安全策略和过程确保合法用户能以正确的方式使用和更新数据，并且限制所有不适当的访问和更新。应了解并遵守利益相关方的隐私及保密需求，符合每个企业的最高利益。客户、供应商和各相关方都信任并依赖数据的可靠使用要求每个企业都有专有的数据需要保护，这些数据运用得当企业就可以获得竞争优势。否则企业就会失去竞争优势。

11.2.2　数据安全是企业降低风险和促进业务增长的要求

降低风险和促进业务增长是数据安全活动的主要驱动因素。确保企业数据安全，可降低风险并增加竞争优势。安全本身就是宝贵的资产。数据安全风险与法规遵从性、企业和股东的依托责任、声誉以及员工保护、业务合作伙伴、客户隐私、敏感信息的法律、道德责任等有关。企业会因不遵守法规和合同义务而被处罚，数据泄露会导致声誉和客户信心的丧失，因此，降低企业数据安全风险很重要。

业务增长包括实现并维护运营业务目标。数据安全问题、违规以及对员工访问数据不合理的限制会对成功运营造成直接影响。如果将降低风险和发展业务的目标整合到一个连贯的信息管理和保护战略中，那么这些目标是可以互补和相互支持的。

产品和服务质量与信息安全有着非常直接的关系，强大的数据安全能够推动交易进行并建立客户的信心。数据安全不仅保护企业自身的利益还保护着企业的客户、供应商、合作伙伴的利益，从而促进业务的增长。

11.3　数据安全管理的要素

数据安全不仅涉及防止不当访问，还涉及对数据的适当访问。企业应该通过授予权限来控制对敏感数据的访问。未经许可，不允许用户在系统内查看数据或执行操作。"最小权限"是一项重要的安全原则，仅允许用户、进程或程序访问其合法目的所允许的信息。实现企业数据安全的管理涉及诸多要素，主要包括以下内容。

11.3.1　设施安全

设施安全是抵御恶意行为人员的第一道防线。设施上至少应该具有一个锁定能力的数据中心，其访问权限仅限于授权员工。"人"被视为设施安全中最薄弱的环节，应确保员工拥有保护设施数据的工具和接受相关培训。

11.3.2　设备安全

移动设备包括笔记本计算机、平板计算机和智能手机，由于可能丢失、被盗以及遭受犯罪黑客的物理/电子攻击，本身并不安全。移动设备通常存有公司的电子邮件、电子表格、地址和文档，如果遭到公开，那就可能对企业、员工或客户造成损害。

随着便携式设备的爆炸式增长，这些设备（包括公司拥有和个人所有）的安全性管理计划必须作为企业整体战略安全架构的一部分。该计划应包括软件和硬件工具。

设备安全的标准包括：使用移动设备连接的访问策略；在便携式设备上存储数据符合记录管理策略的设备数据的擦除和处置；反恶意软件和加密软件安装；安全漏洞的意识。

11.3.3　凭据安全 *

凭据安全是每个用户分配访问系统时使用的。大多数凭据是用户 ID 和密码的组合。基于系统数据敏感性以及系统链接到凭据存储库的能力，在同一环境的系统之间使用凭据有多种不同方式。

11.3.3.1　身份管理系统

传统上对于每个独立资源、平台、应用系统或工作站，用户都有不同的账户和密码。此方法要求用户管理多套密码和账户。具有企业用户目录的组织可以在异构资源之间建立同步机制，以简化用户密码管理。在这种情况下，用户只需一次性输入密码（通常是在登录工作站时），之后所有身份验证和授权都通过引用企业用户目录来执行。实现此功能的身份管理系统称为"单点登录"，从企业角度来看是最佳的。

---

* 王胜文 . 区块链视角下智能电网数据管理机制研究［D］. 长春：东北电力大学，2020.

11.3.3.2　密码标准

密码是保护数据访问的第一道防线，每一个用户账户都需要有一个密码，由用户（账户所有者）自己设置，要求在安全标准中定义足够高的密码级别，通常称为"强"密码。

在创建新用户账户时，临时密码应设置为首次使用立即过期，且后续访问必须由用户选择新密码，不得使用空白密码。密码定期更改，具体更改频率取决于系统性质、数据类型和企业敏感程度。

11.3.3.3　双因素识别

有些系统需要额外的识别程序。这包括对包含代码的用户移动设备的返回调用、用于登录所必需的硬件设备的使用或者诸如指纹、面部识别或视网膜扫描等生物特征因素。双重因素识别使得进入账户或登录用户设备更加困难，所有具有高度敏感信息权限的用户都应使用双重因素识别技术登录网络。

11.4　数据安全管理的目标和原则

11.4.1　数据安全管理的目标

（1）支持适当访问并防止对企业数据资产的不当访问。

（2）支持对隐私保护和保密制度、法规的遵从。

（3）确保满足利益相关方对隐私和保密的要求。

11.4.2　数据安全管理的原则

（1）协同合作。数据安全是一项需要协同的工作，涉及 IT 安全管理员、数据管理人员、企业内部和外部的审计团队以及法律部门。

（2）企业统筹。运用数据安全标准和策略时，必须保证企业的一致性。

（3）主动管理。数据安全管理的成功取决于主动性和动态性以及所有的利益相关方之间传统职责分离。

（4）明确责任。必须明确界定角色和职责，包括跨组织和角色的数据"监管链"。

（5）分级分类管理。数据安全分类分级是对不同数据采取不同安全等级管理的基础，既可以保证数据安全管理又可以降低管理成本。

（6）减少接触以降低风险。最大限度地减少敏感/机密数据的扩散，尤其是在非生产环境中。

11.5　数据安全管理的内容

数据安全管理是数据使用的全过程管理，包括数据的访问、审计、验证、授权和权限。信息分类、访问权限、角色组、用户和密码是实施策略和满足数据使用全过程管理的一些常用手段。安全监控对于保障数据安全、正常地运行也至关重要。监控和审计都可以连续或定期地进行。正式审计必须由第三方进行才能视为有效，第三方既可以来自企业内部，也可以来自企业外部。

（1）访问管理，使具有授权的单位或个人能够及时访问系统。即保障访问企业数据的单位和个人在授权范围内进行访问、获取数据。

（2）审计管理，审查安全操作和用户活动，以确保符合法规和遵守公司制度和标准。信息安全管理人员要定期查看日志和文档，以验证是否符合安全法规、策略和标准。这些审核的结果需要定期公布。

（3）验证管理，验证用户的访问权限。当用户试图登录到系统时，系统需要验证此人身份是否属实。除密码这种方式外，更严格的身份验证方法包括生物特征识别如提交指纹、人脸识别等。在身份验证过程中，所有传送过程均需经过加密，以防止身份验证信息被盗。

（4）授权管理，授予个人访问与其角色相适应的特定数据的权限。在获得授权后访问控制系统在每次用户登录时都会检查授权的有效性。从技术上讲，这是公司活动目录中数据字段中的一个条目，表示此人已获得授权访问数据。它进一步说明，用户凭借其工作或企业地位有权获得此权限，这些权限由相关负责人授予。

（5）权限管理，由单个访问授权决策向用户公开的所有数据元素的总和。在生成授权请求之前，授权负责人必须确定其"有权"访问此信息。在确定授权决策的监管和保密要求时，需要对每个授权所暴露的所有数据进行清点。

（6）监控管理，系统应包括检测意外事件（包括潜在的安全违规）的监督控制。包含机密信息（如工资或财务数据）的系统通常实施主动、实时的监控，以提醒安全管理员注意可疑活动或不当访问。

某些安全系统将主动中断不遵循特定访问配置文件要求的活动。在安全管理人员详细评估之前，账户或活动将保持锁定状态。相反，被动监控是通过系统定期捕获系统快照，并将趋势与基准或其他标准进行比较，跟踪随时发生的变化。系统向负责的数据管理专员或安全管理人员发送报告。主动监控是一种检测机制，被动监控是一种评价机制。

（7）完整性管理，在安全性方面，数据完整性是一个整体状态要求，以免于遭受不当增、删、改所造成的影响。

（8）加密管理，将纯文本转换为复杂代码，以隐藏特权信息、验证传送完整性或验证发送者身份的过程。加密数据不能在没有解密密钥或算法的情况下读取。解密密钥或算法通常单独存储，不能基于同一数据的其他数据元素来进行计算。

（9）混淆或脱敏管理，可通过混淆处理（变得模糊或不明确）或脱敏（删除、打乱或以其他方式更改数据的外观等）的方式来降低数据的可用性，同时避免丢失数据的含义或数据与其他数据集的关系。属性中的值可能会更改，但新值对这些属性仍然有效。当在屏幕上显示敏感信息供参考或者从符合预期应用逻辑的生产数据中创建测试数据集时，混淆或脱敏处理非常有用。

数据混淆或脱敏是解决数据使用过程中的一种安全手段。数据脱敏分为两种类型：静态脱敏和动态脱敏。

①静态脱敏按执行方式又可以分为不落地脱敏和落地脱敏。静态数据脱敏永久且不可逆转地更改数据。这种类型的脱敏通常不会在生产环境中使用，而是在生产环境和开发（或测试）环境之间运用。静态脱敏虽然会更改数据，但数据仍可用于测试、应用程序、报表等。

不落地脱敏：当在数据源（通常是生产环境）和目标（通常是非生产）环境之间移动需要脱敏或混淆处理时，会采用不落地脱敏。由于不会留下中间文件或带有未脱敏数据的数据库，不落地脱敏方式非常安全。另外，如果部分数据在脱敏过程中遇到问题，则可重新运行脱敏过程。

落地脱敏：当数据源和目标相同时，可使用落地脱敏。从数据源中读取未脱敏数据，进行脱敏操作后直接覆盖原始数据。假定当前位置不应该保留敏感数据，需要降低风险，或者在安全位置中另有数据副本，在移动至不安全位置之前就应当进行脱敏处理。这个过程存在一定的风险，如果在脱敏过程中进程失败，那么很难将数据还原为可用格式。该技术在一些细分领域中还有些用途，但一般来说，不落地脱敏能更安全地满足项目需求。

②动态数据脱敏是在不更改基础数据的情况下，在最终用户或系统中改变数据的外观。当用户需要访问某些敏感的生产数据（但不是全部数据）时，就相当有用。例如，在数据库中，假设社会安全号码存储为 123456789，那么采用此方法后，呼叫中心人员需要验证通话对象时，看到的该数据显示的是 ∗∗∗–∗∗–89。

③脱敏方法。

替换：将字符或整数值替换为查找或标准模式中的字符或整数值。例如，可以用列表中的随机值替换名字。

混排：在一个记录中交换相同类型的数据元素或者在不同行之间交换同一属性的数据元素。例如，在供应商发票中混排供应商名称，以便将发票上的原始供应商替换为其他有效供应商。

时空变异：把日期前后移动若干天（小到足以保留趋势），足以使它无法识别。

数值变异：应用一个随机因素（正负一个百分比，小到足以保持趋势），重要到足以使它不可识别。

取消或删除：删除不应出现在测试系统中的数据。

随机选择：将部分或全部数据元素替换为随机字符或一系列单个字符。

加密技术：通过密码代码将可识别、有意义的字符流转换为不可识别的字符流。

表达式脱敏：将所有值更改为一个表达式的结果。例如，用一个简单的表达式将一个大型自由格式数据库字段中的所有值（可能包含机密数据）强制编码为"这是个注释"字段。

键值脱敏：指定的脱敏算法/进程的结果必须是唯一且可重复的，用于数据库键值字段（或类似字段）脱敏。这种类型的脱敏对用于测试需要保持数据在组织范围内的完整性极为重要。

11.6 数据安全制约因素

数据安全制约因素包括数据的保密等级和监管要求。

（1）保密等级。保密意味着机密或私密。企业确定哪些类型的数据不应泄露到企业外部，甚至不应该为企业中某些部门所知道。机密信息仅在"需要知道"的基础上共享。保密等级取决于谁需要知道某些类型的信息。

当安全限制应用于用户授权（用户授权提供对特定数据元素的访问权限）时，必须遵循全部保护策略，无论这些策略是内部的还是外部的。

保密范围要求从高（极少人能访问）到低（每个人都可以访问），在以下列出的5个机密分类级别中，典型的分类架构可能包括其中两个或更多。

①对普通受众公，可以向任何人（包括公众）提供的信息。

②仅内部使用，仅限员工或成员使用的信息，信息分享的风险很小。这种信息仅供内部使用、可在企业外部显示或讨论，但不得复制。

③机密，若无恰当的保密协议或类似内容，不得在企业以外共享。不得与其他客户共享客户机密信息。

④受限机密，受限机密要求个人通过许可才能获得资格，仅限于特定"需要知道"的个人。

⑤绝密，信息机密程度非常高，任何信息访问者都必须签署一份法律协议才能访问数据，并承担保密责任。

（2）监管要求。根据外部规则（如法律、条约、行业法规）分配监管类别。监管信息在"允许知道"的基础上共享。数据共享方式受该法规明细条款的约束。某些类型的信息受外部法律、行业标准或合同规范的约束，对其使用方式、谁可以访问以及出于何种目的访问将产生影响。由于存在许多重叠的法规，所以更容易按主题域将其归纳到几个法规类别或法规系列中，以便更好地向数据管理者通报法规要求。

当然，每个企业都必须建立满足自身合规需求的法规类别。更重要的是，此过程和分类必须尽可能简单，以便具有可操作性。当法规类别的保护法案相似时，应合并为"系列"法规。每个法规类别都应包括可审计的保护措施，这并非组织工具，而是一种执行方法。

由于不同行业受到不同类型法规的影响，企业需要制定满足其运营需求的法规类别。例如，本国以外没有业务的企业无须遵守与出口有关的法规。但是，由于各个国家或地区在个人数据隐私法律方面都有所交融，而且客户可能来自世界各地，因此，将所有客户数据隐私法规整理到同一个法规类别中，并符合所有国家的要求，可能更为明智且容易。这样既可以提供统一实施标准，也可以确保全球任何地方的合规性。

保密和监管的主要区别是要求来源不同。保密要求源自内部，而监管要求则由外部定义。另外的区别是任何数据集（如文档或数据库视图）只能有一个密级，其密级是基于该数据集中最敏感（最高密级）的数据项设立的。然而，监管分类是附加的。单个数据集可能根据多个监管类别限制数据。为了确保法规遵从性，应执行每种法规类别所需要的所有操作以及保密要求。

11.7　数据安全风险管理

11.7.1　数据安全风险识别

识别风险的第一步是确定敏感数据的存储位置以及这些数据需要哪些保

护。另外，还需要确定系统的固有风险。系统安全风险包括可能危及网络或数据库的风险要素。

11.7.1.1 识别滥用特权

解决权限过大的方案是查询级访问控制，这种控制机制可将数据库权限限制为最低要求的结构化查询语言操作和数据范围。数据访问控制细粒度要从表格级访问深入到特定行和特定列。查询级访问控制可以检测出恶意员工滥用特权的行为。

大多数数据库软件在实施时都对查询级访问控制（触发器、行级安全性、表安全性、视图）进行了一定程度的整合，但由于这些"内置"功能的手动特性，使得除了最基本部署之外的所有其他部署都不切实际。为所有用户手动定义跨数据库行、列和操作查询级访问控制策略的过程非常耗时。更糟糕的是，当用户角色变化时，必须更新查询策略以匹配新角色。在某个时间点少数用户定义有用的查询策略，大多数数据库管理员很难做到，更不用说单个用户了。因此，在许多企业中必须要使用自动化工具，以使查询级访问控制真正发挥作用。

11.7.1.2 识别滥用合法特权

滥用合法特权包括故意和无意滥用，部分解决滥用合法特权的方案是数据库访问控制。这不仅适用于特定查询，而且适用于对终端计算机（使用时间、位置和下载信息量）强制实施安全策略，以及降低任何用户无限制地访问包含敏感信息的全部记录的能力，除非他们的工作有明确要求并经其主管批准。例如，虽然现场代理人可能需要访问其客户的个人记录，但不允许他们为了"节省时间"将整个客户数据库下载到笔记本计算机中。

11.7.1.3 识别未经授权的特权升级

存储过程、内置函数、协议实现甚至结构化查询语言语句中都可能存在漏洞。攻击者可能会利用数据库平台软件漏洞将访问权限从普通用户权限变为管理员权限。使用管理权限，违规的开发人员可能会关停审计机制、创建虚假账户、转移资金或关闭账户。将传统入侵防护系统和查询级访问控制入侵防护相结合，可以防止特权升级漏洞。这些系统检查数据库流量，以识别出与已知模式相对应的漏洞。

11.7.1.4　识别服务账户或共享账户滥用

使用服务账户（批处理 ID）和共享账户（通用 ID）会增加数据泄露风险，并使跟踪漏洞来源的能力更加复杂。有些企业将监控系统配置为忽略与这些账户相关的任何警报，会进一步增加这些风险。信息安全管理责任人应考虑运用工具来安全地管理服务账户。

服务账户的便利性在于可自定义对进程的增强访问。但如果用于其他目的，则无法跟踪到特定用户或管理员。除非有权访问解密密钥，一般服务账户不会对加密数据产生威胁。这一点对于服务器上保存法律文档、医疗信息、商业机密或机密运营计划等数据尤为重要。将服务账户的使用限制为特定系统上的特定命令或任务，需要文档和批准才能分发凭据。考虑每次使用时分配新密码，可参考使用诸如超级用户账户之类的管理流程。

当所需用户账户数多到应用程序无法处理时，或添加特定用户需要大量工作或产生额外许可成本时，可创建共享账户。对于共享账户，会将凭据提供给多个用户。由于要通知所有用户，所以密码很少更改。由于共享账户提供的访问几乎不受控制，因此应仔细评估对共享账户的使用。默认情况下不应该使用共享账户。

11.7.1.5　识别平台入侵攻击

入侵保护最原始的形式是防火墙，但随着移动用户、WEB 访问和移动计算设备成为大多数企业环境的一部分时，一个简单的防火墙虽然仍是必要的，但已无法满足安全的需求。生产企业提供的更新减少了数据库平台中的漏洞，但在补丁更新之前，数据库不受保护。此外，兼容性问题有时会完全阻止软件更新。要解决这些问题，需实施部署入侵防御系统。

11.7.1.6　识别注入漏洞

对于攻击者将未经授权的数据库语句插入（或注入）到易受攻击的结构

化查询语言数据通道中，攻击者可以不受限制地访问整个数据库。一般通过将所有输入数据上传服务器处理之前对其进行清理，从而降低这种风险。

11.7.1.7 识别默认密码

在软件包安装期间创建默认账户是软件业长期以来的一种惯例，有一些是安装本身的需要，另一些是为用户提供开箱即用的测试软件的方法。创建必需的用户名和密码组合，并确保数据库管理系统中并未保留默认密码，可缓解对敏感数据的威胁。清除默认密码是每次实施过程中的重要安全步骤。

11.7.1.8 识别备份数据滥用

备份是为了降低数据丢失而产生的相关风险，但备份也代表一种安全风险。对所有数据库备份加密，可防止有形介质或电子传送中丢失备份数据。要安全地管理备份的解密密钥，密钥必须异地可用，才有助于灾难恢复。

11.7.2 企业基础数据风险分类

风险分类描述了数据的敏感性以及出于恶意目的对数据访问的可能性。分类用于确定谁可以访问数据。用户权限内所有数据中的最高安全分类决定了整体的安全分类。风险分类包括以下几个方面。

（1）关键风险数据。由于个人信息具有很高的直接财务价值，因此内部和外部各方可能会费尽心思寻求未经授权使用这些信息。滥用关键风险数据不仅会伤害个人，还会导致公司遭受重大的处罚，增加挽留客户、员工的成本以及损害公司品牌与声誉，从而对公司造成财务损害。

（2）高风险数据。高风险数据为公司提供竞争优势，具有潜在的直接财务价值，往往被主动寻求、未经授权使用。如果高风险数据滥用，那么可能会因此使企业遭受财务损失。高风险数据的损害可能会导致因不信任而使业务遭受损失，并可能导致法律风险、监管处罚以及品牌和声誉受损。

（3）中等风险数据。对于几乎没有实际价值的公司的非公开信息，未经授权使用可能会对公司产生负面影响。

11.7.3　降低风险的方法

数据安全最好在企业级层面开展，如果缺乏协同努力，业务单元各自寻找安全需求解决方案，那么将会导致总成本的增加，同时还可能由于不一致的保护措施而降低安全性。无效的安全体系结构或流程可能会导致企业产生违规成本并降低工作效率。一个在整个企业中得到适当资金支持、面向系统并保持一致的运营安全策略将降低这些风险。

信息安全管理首先对企业数据进行分类分级，以便识别需要保护的数据。整个流程包括以下步骤。

（1）识别敏感数据资产并分类分级。有一些数据资产和敏感数据（包括个人身份识别、财务数据等）需要根据所属行业和企业类型等进行分类分级。

（2）在企业中查找敏感数据。这取决于数据存储的位置，其安全要求可能有所不同。大量敏感数据存储在单一位置，如果这个位置遭到破坏，那么将会带来极高的风险。

（3）确定保护每项资产的方法。要根据数据内容和技术类型不同，确保采取针对性的安全措施。

（4）识别信息与业务流程如何交互。需要对业务流程进行分析，以确定在什么条件下允许哪些访问。

除了对数据本身进行分类分级外，还需对外部威胁（如黑客和犯罪分子的威胁）和内部风险（由员工和流程产生）进行评估。许多数据的丢失或暴露是由于员工对高度敏感的信息缺乏认识或者绕过安全策略视而不见造成的。网络服务器中的客户销售数据被黑、员工数据库下载至承包商笔记本计算机中后被盗、商业机密未加密保留在高管的计算机中后丢失，所有这些现象都是由于缺少或未强制实施安全控制造成的。

11.8　建立数据安全制度体系

11.8.1　成立数据安全组织

数据安全组织取决于不同的企业规模。大型企业通常设有向 CIO 或 CEO 报告的首席信息安全官（CISO）。在缺失专职信息安全人员的企业中数据安全的责任将落在数据管理者身上。在任何情形下，数据管理者都需要参与数据安全工作。

在大型企业中，信息安全人员可以有让业务经理指导具体治理和用户授权的职能，如授予用户权限和数据法规遵从。专职信息安全人员通常最关心的是信息保护的技术方面，如打击恶意软件和系统攻击。但是，在项目的开发或安装期间，仍有足够的协作空间。

当 IT 和数据管理这两个治理实体缺乏一个有组织的流程来共享法规和安全要求时，这种协同作用的机会常常会错过。因此，需要有一个标准的程序来实现他们的数据法规、数据丢失威胁和数据保护要求，并在每个软件开发或安装项目开始时就这样做。

数据管理者需要与信息技术开发人员和网络安全专业人员积极合作，以便识别法规要求的数据，恰当地保护敏感系统，并设计用户访问控制以强制实施保密性、完整性和数据合规性。企业越大，就越需要团队合作，并依赖正确和更新的企业数据模型。

11.8.2　建立数据安全制度

制定安全制度需要 IT 安全管理员、安全架构师、数据管理委员会、数据管理专员、企业内部和外部的审计团队以及法律部门之间的协作。数据管理专员还必须与所有隐私官以及具有数据专业知识的业务经理协作，以开发监管类元数据并始终如一地应用适当的安全分类。所有数据法规遵从行动必须协调一致，以降低成本、工作指令混乱和不必要的本位之争。

管理与企业安全相关的行为需要不同级别的制度。

（1）企业安全制度，包括员工访问设施和其他资产的全局策略、电子邮件标准和策略、基于职位或职务的安全访问级别以及安全漏洞报告策略等。

（2）IT安全制度，包括目录结构标准、密码策略和身份管理框架完善等。

（3）数据安全制度，包括单个应用程序、数据库角色、用户组和信息敏感性的类别等。

通常，IT安全制度和数据安全制度是安全制度组合的一部分。然而，最好将其区别开来。数据安全制度在本质上颗粒度更细，针对不同内容，需要不同的控制和过程。数据治理委员会是数据安全制度审查的批准方。数据管理专员是制度的主管方和维护方。

员工需要了解并遵从安全制度。制定安全制度应明确定义和实现所需流程及其前后的原因，以便安全制度易于实现和遵从。制度需要在不妨碍用户访问的前提下保护数据，以确保数据安全。安全制度应便于供应商、消费者和其他利益相关方访问，应在企业局域网或类似协作门户上被提供和维护。应定期重新评估数据安全制度、过程和活动，在所有利益相关方的数据安全要求之间取得尽可能地平衡。

11.8.3　制定数据安全细则

制度提供行为准则，但并不能列出所有可能的意外情况。细则是对制度的补充，并提供有关如何满足意图的其他详细信息。例如，制度可能声明密码必须遵循强密码准则，如果密码不符合强密码标准，将会通过阻止创建密码的技术强制执行该制度。

11.8.3.1　定义数据保密等级

保密等级分类是重要的数据特征，用于指导用户如何获得访问权限。每个组织都应创建或采用满足其业务需求的分级方案。任何分级方案都应清晰易行，它将包含从最低到最高的一系列密级，如从"一般用途"到"绝密"。

11.8.3.2 定义数据监管类别

高度公开的数据泄露事件日益增多，导致出台了很多与数据相关的法律。这就产生了新数据类别，可称为监管信息。法规要求是信息安全的延伸，需要采取其他措施，以对监管要求进行有效管理。与公司法律顾问协商通常有助于确定某些法规对企业的要求。通常，法规仅仅意味着给出一个信息保护目标，由企业决定其实现方法，并为审计提供合规的法律证据。

安全分级和监管分类的一项关键原则是，大多数信息可以聚合，从而使其具有更高或更低的敏感性。开发人员需要知道聚合如何影响整体安全分级和监管类别。当报表或数据库视图的开发人员知道所需的某些数据可能是个人隐私或内部受控或与竞争优势相关时，那么在系统中可以设计为将这些数据从授权中去除。或者，如果数据必须保留在用户授权中，那么在用户授权时强制执行全部安全和法规要求。

11.8.3.3 定义安全角色

数据访问控制可以根据需要在单个用户级或组织级中进行管理。也就是说，逐个用户账户授予和更新访问权限需要大量的工作。小型企业可能会发现，在单个级别管理数据访问是可接受的。但是大型企业将从基于角色的访问控制中获益匪浅，通过为角色组授予权限，从而为组中每个成员授予权限。

角色组使得安全管理员能够按角色定义权限，并通过在适当角色中注册用户实现权限授予。虽然从技术上讲，可将用户注册到多个组中，是这种做法可能使得授予特定用户的权限难以理解。尽可能将每个用户分配到一个角色组内，这可能需要为某些数据授权而创建不同的用户视图以遵守法规。

在用户和角色管理中的挑战之一是数据一致性。用户信息（如姓名、职务和员工 ID）不得不存储在多个位置，这些代表着"真相"的多个版本的数据孤岛经常发生冲突。为避免数据完整性问题，需要对用户身份数据和角色组成员身份进行集中管理，这也是有效访问控制数据质量的要求，安全管理员创建、修改和删除用户账户和角色组以及对组分类和成员资格的变更应得到批准。应通过变更管理系统跟踪变更。

11.8.4　实施控制和规程

数据安全策略的实施和管理主要由安全管理员负责，与数据管理专员和技术团队协作。如数据库安全性通常是数据库管理员的职责。

11.8.4.1　实施控制和规程的内容

企业必须实施适当的控制以满足安全策略要求。控制和规程（至少）应涵盖：

（1）用户如何获取和终止对系统和/或应用程序的访问权限。

（2）如何为用户分配角色并从角色中去除。

（3）如何监控权限级别。

（4）如何处理和监控访问变更请求。

（5）如何根据机密性和适用法规对数据进行分类。

（6）检测到数据泄露后如何处理。

11.8.4.2　实施控制和规程的程序

对允许原始用户授权的要求要进行记录，以便在条件不再适用时取消授权。用户和组授权的所有初始授权和持续变更，必须经由某些管理层级别的正式请求、跟踪和批准。

（1）分配密级。根据企业的分类方案，数据管理专员负责评估和确定适当的数据密级。

（2）分配监管类别。企业应创建或采用能确保满足法规遵从要求的分类方案。此分类方案为响应企业内部和外部的审计提供了基础。一旦确定后就需要在架构中评估和分类信息。由于安全人员使用的是基础设施系统，而非某项数据法规，他们可能不熟悉这一概念。因此，需要有与这些类别相关的定义了可实施行为的数据保护文档。

（3）管理和维护数据安全。一旦所有需求、制度和过程都到位，则主要任务是确保不会发生安全漏洞。如果发生漏洞，需要尽快检测出来。持续监控系统和审核安全程序的执行，对于维护数据安全至关重要。

（4）管理安全制度遵从性。管理安全制度合规性包括确保遵循制度并有效维护控制的日常活动。管理还包括提供满足新需求的建议。在通常情况下，数据管理专员将与信息安全员和企业法律顾问协作，使运营制度和技术控制保持一致。管理安全制度遵从包括：管理法规遵从性；审计数据安全和合规活动。

第12章

企业基础数据质量管理

数据的真实性、可靠性及规范性会直接影响到数据分析的结果，进而影响到企业的经营决策。因此，数据质量是实现数据价值的前提，对数据需求者至关重要，是进行数据有效管理的基础，是企业实现其战略目标的保障。

12.1 理解企业基础数据质量管理

12.1.1 企业基础数据质量的概念

企业基础数据质量是指高质量数据的相关特征达到数据消费者的期望和需求，即：如果数据满足数据消费者应用需求的目的，就是高质量的；反之，如果没有满足数据消费者应用需求的目的，就是低质量的。因此，数据质量取决于使用数据的场景和数据消费者的需求。

12.1.2 企业基础数据质量管理的概念

数据质量管理是使企业获取和生成高质量数据而采取的行为。是指对数据从计划、获取、存储、共享、维护、应用、消亡整个生命周期的每个阶段里可能引发的各类数据质量问题，进行识别、度量、监控、预警等一系列管理活动，并通过改善和提高企业的管理水平使得数据质量获得进一步提高。

数据质量管理是循环的管理过程，其终极目标是通过可靠的数据提升数据在使用中的价值，并最终为企业赢得经济效益。

12.2　企业数据质量管理是必然的选择

12.2.1　企业基础数据质量问题的成因

导致低质量数据产生的因素有很多，主要包括企业缺乏低质量数据带来不利影响的认识、企业缺乏对数据形成的标准规划，企业数据管理中没有统一的整体规划，不一致的开发过程、不完整的文档形成各类独立的数据系统导致数据孤岛的出现。

任何企业的业务流程、技术流程都不可能是完美的，因此，任何企业的数据管理都会产生数据质量问题。实施数据质量管理非常重要。

12.2.2　企业基础数据质量管理的性质

数据的质量管理不是单环节、单个部门的事情，它是一个系统工程。对数据质量进行有效的管理通常需要有数据质量管理团队，数据质量管理团队负责与业务和技术数据管理专业人员协作，并推动将质量管理技能应用于数据工作，以确保数据适用于各种需求。本书中设立的企业数据管理部中的数据质量管理中心就是履行这一职能的团队。

由于数据的质量管理涉及数据生命周期的管理，因此数据质量管理中心还将承担与数据使用相关的操作责任，如报告数据质量水平以及参与数据问题的分析、问题的量化和优先级排序。数据质量管理中心还负责与那些需要数据开展工作的人合作，以确保数据满足他们的需求，并与那些在工作过程中创建、更新或删除数据的人合作，以确保他们正确地处理数据。数据质量取决于所有与数据交互的人，而不仅仅是数据管理的专业人员。

数据质量管理是一个系统工程也是一项长期、持续性的工作。企业数据质量管理的成功与否不仅取决于管理、维护的沟通与技术，更重要的是取决于数据质量企业文化及质量观念的建立。

12.2.3　企业基础数据质量管理的动因

12.2.3.1　数据质量管理可以提高企业的效益和生产力

企业的许多成本与低质量的数据有关，如因信息有误错失商机造成收入损失、由于信息有误导致的错误决策造成损失等。高质量的数据就会避免由于数据质量低而导致的风险和成本，从而提高企业的效率和生产力。

12.2.3.2　数据质量管理可以保护和提高企业的声誉

高质量数据本身并不是目的，它只是企业取得成功的一种手段。值得信赖的数据不仅降低了风险，而且降低了成本，提高了效率。无论是员工还是企业的管理者获得了高质量的数据就可以更精准地分析客户，为其提供更个性化更高质量的服务，管理者可以做出更准确的决策为企业带来高额回报，从而提高企业的声誉。

12.3　企业基础数据质量管理的目标和原则

12.3.1　企业基础数据质量管理的目标

企业数据质量管理的总体目标是提供高质量的企业数据，以满足企业内外部需求者经营管理及正确决策的需求。

结合数据生命周期的不同阶段制定企业数据生成、获取、存储、共享、维护的规范以及企业数据质量控制的标准。

12.3.2　企业基础数据质量管理的原则

（1）事前性。数据质量控制的方案应避免数据错误及降低数据可用性，因此，数据质量管理要在数据生成获取之前制定出数据质量控制方案。

（2）全过程管理。数据质量管理应覆盖从数据生成或获取直至处置的数据全生命周期，包括其在系统内部和系统之间流转时的数据管理，即数据链中的每个环节都应确保数据具有高质量的输出。

（3）根因性。数据的质量问题通常与数据生成、处理的流程或系统设计有关，所以提高数据质量不只是简单地纠正表象的错误，更重要的是对流程和系统进行调整，从根本上解决问题。

（4）规范化。任何数据需求者都对数据的质量有要求。企业数据的质量管理应结合数据需求者的标准及数据供给方的条件制定出数据管理规范以满足数据需求者的要求。

12.4　企业基础数据质量管理的内容

数据形成过程对数据质量有重要的影响，因此，通过执行过程和项目管理，提前为高质量的数据做好准备，产生高质量数据需要不同职能部门之间的协调，而协调的标准是企业统一的数据规范及数据分类、存储等管理原则。

根据数据质量问题产生的原因，数据的质量管理应该在数据的整个生命周期内进行持续的管理。通过制定标准，在数据创建、转换和存储过程中完善质量。

企业的数据质量不同维度有不同的标准，企业需要针对不同维度的特征制定出数据质量标准。

12.4.1　企业基础数据质量管理的标准

（1）内在的数据质量。要从其准确性、客观性、可信度和信誉度方面进行制定标准和管理。

（2）场景的数据质量。要从其增值性、关联性、及时性、完整性和适量性方面进行制定标准和管理。

（3）表达数据的质量。要从其可解释性、易理解性、表达一致性和简洁性方面进行制定标准和管理。

（4）访问数据的质量。要从其可访问性和访问安全性方面进行制定标准和管理。

12.4.2　企业基础数据质量评价指标

数据质量管理的一个重要组成部分是确定衡量的指标，以满足数据需求者对其需求的数据有一个明确的衡量标准。

（1）可度量性。数据质量指标必须是可度量的——它必须是可被量化的东西。例如，数据相关性是不可度量的，除非设置了明确的数据相关性标准。即便是数据完整性这一指标也需要得到客观的定义才能被测量。

（2）业务相关性。虽然很多东西是可测量的，但并不能全部转化为有用的指标。测量需要与数据需求者相关。如果指标不能与业务操作或性能的某些方面相关，那么它的价值是有限的。每个数据质量指标都应该与数据对关键业务期望的影响相关联。

（3）可接受性。数据质量指标构成了数据质量的业务需求，根据已确定的指标进行量化提供了数据质量级别的有力证据，根据指定的可接受性阈值确定数据是否满足业务期望。如果得分等于或超过阈值，则数据质量满足业务期望；如果得分低于阈值，则不满足。

（4）管理制度。关键利益相关方（如业务所有者和数据管理专员）应理解和审核指标。当度量的测量结果显示质量不符合预期时，会通知关键利益相关方。业务数据所有者对此负责，并由数据管理专员采取适当的纠正措施。

（5）趋势分析。指标使企业能够在一段时间内测量数据质量改进的情况。跟踪有助于数据质量管理中心的成员监控数据质量和数据共享协议范围内的活动，并证明改进活动的有效性。一旦信息流程稳定后，就可以应用统计过程控制技术发现改变，从而实现其所研究的度量结果和技术处理过程的变化趋势。

主要参考文献

［1］陈丽金．广东省地级市政府数据开放平台的数据质量管理研究
［D］．贵阳：贵州财经大学，2021.

［2］陈涛．数据产权的归属问题探究［J］．市场周刊，2020（4）：
163 – 165.

［3］仇小微，黄芳．浅谈诺兰阶段模型对高校信息化阶段划分的启示
［J］．企业科技与发展，2007（14）：13 – 14.

［4］崔璨．基于 DCMM 的会计数据管理能力评估模型研究［D］．太
原：山西财经大学，2020.

［5］DAMA 国际，DAMA 中国分会翻译组译．DAMA 数据管理知识体系
指南（原书第 2 版）［M］．北京：机械工业出版社，2020.

［6］逯晶晶．大型企业物料主数据管理研究及应用［D］．兰州：兰州
大学，2016.

［7］付兴奎．信息管理与信息系统专业的兴起及其学科体系的构建
［J］．现代情报，2008（11）：62 – 66.

［8］工业和信息化部办公厅．工业数据分类分级指南（试行）［EB/OL］.
http：//www. cac. gov. cn/2020 – 03/08/c_1585210563153197. htm.

［9］工业和信息化部办公厅．中华人民共和国数据安全法［EB/OL］.
http：//www. gov. cn/xinwen/2021 – 06/11/content_5616919. htm.

［10］国务院办公厅．科学数据管理办法［EB/OL］．http：//

www. gov. cn/xinwen/2018 – 04/02/content_5279295. htm.

[11] 韩晶，王健全. 大数据标准化现状及展望 [J]. 信息通信技术，2014 (6)：38 – 42.

[12] 黄欣荣. 数据密集型科学发现及其哲学问题 [J]. 自然辩证法研究，2015 (11)：48 – 54.

[13] 黄志诚，强毅，陈燕南. 制造企业基础数据的分类与编码 [J]. 机械工业标准化与质量，2008 (8)：43 – 44，46.

[14] 李健. 企业资源计划（ERP）及其应用 [M]. 北京：电子工业出版社，2009.

[15] 刘红. 科学数据的哲学研究 [D]. 北京：中国科学院大学，2013.

[16] 马文，张新阳，赵晓平. 电网企业数据管理能力成熟度评价模型研究 [J]. 软件，2019 (4)：108 – 111.

[17] 孙卫林. V 公司质量投诉中的数据管理研究 [D]. 重庆：西南大学，2020.

[18] 孙英伟. 商标起源考——以中国古代标记符号为对象 [J]. 知识产权，2011 (3)：80 – 85，97.

[19] 唐要家，汪露娜. 数据隐私保护理论研究综述 [J]. 产业经济评论，2020 (5)：95 – 108

[20] 陶镇威. 企业敏感涉密数据分级分类管理策略探讨 [J]. 现代工业经济和信息化，2019 (10)：79 – 80.

[21] 王舰. 智能化立体动态会计信息平台研究 [D]. 青岛：中国海洋大学，2013.

[22] 王农跃，梁新弘. 从 Nolan 阶段理论看我国企业 IT 成长的关键因素 [J]. 科技管理研究，2007 (1)：238 – 240.

[23] 王佩洪. 公共资源交易平台的数据安全要求及检测分析 [J]. 网络安全与信息化，2021 (7)：115 – 117.

[24] 王胜文. 区块链视角下智能电网数据管理机制研究 [D]. 长春：东北电力大学，2020.

［25］王颂吉，李怡璇，高伊凡．数据要素的产权界定与收入分配机制［J］．福建论坛·人文社会科学版，2020（12）：138－145.

［26］文禹衡．数据确权的范式嬗变、概念选择与归属主体［J］．东北师大学报（哲学社会科学版），2019（5）：69－78.

［27］吴博妍．大数据背景下中小型企业的数据质量管理研究［J］．老字号品牌营销，2022（1）：127－129.

［28］吴志刚．强化数据分类提高企业数据管理能力［J］．软件和集成电路，2020.10：70－75.

［29］徐顺福，倪庆旭．成品油销售企业计量管控平台设计［J］．工业计量，2020（5）：96－99.

［30］杨春红．试谈企业数据标准化体系建设［J］．电脑编程技巧与维护，2019（12）：88－90，108.

［31］于玉林．广义会计学［M］．北京：经济科学出版社，2006.

［32］于玉林．会计学发展60年的回顾与展望［J］．会计之友，2019.10：7－11.

［33］张偲．企业数据资产管理及利用外部数据的研究——以电力企业为例［D］．北京：北京邮电大学，2017.

［34］张爽．我国大数据交易背景下数据权属问题研究［D］．上海：上海社会科学院，2020.

［35］张朔．基于元数据的开放政府数据整合研究［D］．太原：山西大学，2021.

［36］张先治．关于会计学科建设中的几个基本问题探讨［J］．财务与会计，2011（12）：30－31.

［37］赵飞．基于生命周期的主数据管理详解与实践［M］．北京：清华大学出版社，2015.

［38］赵豫生，林少敏．大数据交易困境与产权界定：基于效率的政府角色［J］．兰州财经大学学报，2020（1）：38－46.

［39］中华人民共和国国家质量监督检验检疫总局，中国国家标准化管理委员会．数据管理能力成熟度评估模型［S/OL］．http：//c.gb688.cn/bzgk/

gb/showGb？type = online&hcno = B282A7BD34CAA6E2D742E0CAB7587DBC.

　　［40］朱宝丽. 数据产权界定：多维视角与体系建构［J］. 法学论坛，2019（5）：78 – 86.

后　　记

作为一名高校教师，从事会计学专业本科、研究生教学与研究工作30余年，已经开始为退休生活做一些准备工作，一直在心中挥之不去的声音却越来越强烈、越来越清晰。"把关于会计学科领域的一些思考、研究，关于互联网信息技术发展、会计学科必须跨界创新、突破意识束缚，建立基础数据管理学即广义会计核算学的思考写出来。"听从自己内心真实的声音、按它的指引前行是人生最幸福的事情。于是，我着手做准备工作，收集、整理、积累相关资料，广泛、深入阅读，准备在退休以后即可开始写作、实现自己心心念念的愿望，并约请了一直以来在课题研究中兢兢业业耕耘、志同道合、积极承担研究工作的身体力行者，我的同事、挚友、最棒的合作者吴金波老师一起来完成这项工作。

我们深入研读前人的研究成果，共同进行调查研究，一起讨论逻辑框架……但进展并不顺利，甚至陷入迷茫。吴金波把相关资料、参考书还给我的那天，我心里非常难过。女儿对我说："你的积累还不足以撑起你要做的事情。"这反而使我毛躁和漂浮的心平静下来了，不能急躁，要继续不断积累，义无反顾地向目标进发。

然而，事情突然在时间方面有了转机，我主持的山东省社会科学规划研究课题"企业基础数据管理研究"，在结题的时候出现的问题依然被提到议事议程。根据课题管理部门的要求，课题组必须提交延期申请，明确延期的时间，切实完成研究任务，按要求完成结题工作。此课题结题要求是，必须按计划完成调研工作、完成数据整理分析工作、完成研究报告与结题报告，根据调研资料至少在中文核心期刊发表一篇学术研究论文。基础数据管理问题一直是我和课题组的老师们执着思考、研究的问题，被视为会计教学与研究工作者之己任。结题出现问题是因为研究发表中文核心期刊文章的时间是2015年6月，而课题立项通知上明确的立项批准时间却是2015年10月。山东省社会科学规划研究一般项目给予的研究时间相对较短，一般是1年，有些研究者申请时要求2年的研究时间也会被批准，所以最长研究时间是2年。而完成课题计划规定的研究任务、顺利结题是课题组的本分。由于疏忽，我们这个课题的结题就被卡在了发表中文核心期刊文章的时间上，比课题立项时间早了4个月。意想不到的是，接下来我们的努力频频化为泡影，多次寄出研究论文都石沉大海，原来我们这个研究话题经过规范的实际调研，认真整理调研数据形成的学术论文，观点准确犀利，还是有机会在相应领域的中文核心期刊发表的，但当时学术论文的发表已经变得非常困难了。据说，各领域正规期刊能够发表学术研究论文的容量与研究论文投稿的数量相差越来越悬殊，研究工作人员投稿的数量剧增。在这种形势下，事情一直被搁置。延期申请通知使我借此机缘把一直以来在企业基础数据管理方面所做的思考和研究进行系统的梳理，把准备退休后再着手的工作提前进行，刻苦努力、尽快出版企业基础数据管理探索相关专著，借此，多年教学研究工作产生的强烈诉求得以实现，同时，达到结题要求、完成结题工作。

吴金波老师是"企业基础数据管理研究"课题组的主要成员，多年来我们一直在讨论、思考、研究这个问题，进行学术论文写作，也指导研究生进行这方面的调查研究，完成学位论文的写作。我们立即决定以出版学术专著结题。课题研究延期加速了我们对基础数据管理问题这么多年思考研究的梳理，加速了我们从企业基础数据管理的视角与维度深入探讨广义企业会计核算的步伐，从而更早实现心中的这一份一直不减的热望。

本书在写作及出版过程中得到了我们家人一直默默地辛勤付出和鼎力支持，非常感谢对我们写作及出版过程中给予支持和帮助的老师和友人。

董雪艳

2023年1月